小学校 教科書単元別

到達目標と評価規準

国語 学1-3年

INDEX

はじめに　田中耕治	3
本書の特長	4
新学習指導要領のポイント	6
学習指導要領　国語改訂のポイント	8
指導要録改訂のポイント	10
各教科の評価の観点と領域	12
単元一覧表	14
到達目標と評価規準	17

はじめに

子どもたちに「生きる力」を保障するために

佛教大学教育学部教授，京都大学名誉教授　**田中　耕治**

　2017年3月に新しい学習指導要領が告示され，小学校では2020年度から，中学校では2021年度から全面実施される。また2019年1月には，中央教育審議会初等中等教育分科会教育課程部会より「児童生徒の学習評価の在り方について（報告）」が公表され，指導要録改訂の方針が示された。

　新しい学習指導要領では，「生きる力」を育成するために，「何を学ぶのか」に加えて「何ができるようになるか」「どのように学ぶか」が重視され，知識・技能の習得に加えて，子どもたちが自ら考え，判断して表現する力と主体的に学習に取り組む態度を身に付けさせることが求められている。

　各小学校では，来年度からの全面実施に向け，さまざまな準備をしていく必要があるが，子どもたちの学力を保障するためには，「目標」の設定と「目標に準拠した評価」が必須であるということに変わりはない。このことを今一度確認しておきたい。

（1）変わらない「目標に準拠した評価」の意義

　「目標に準拠した評価」では，子どもたちに身に付けてほしい学力内容を到達目標として示し，すべての子どもが目標に到達するように授業や教育課程のあり方を検討していく。そして「目標に準拠した評価」を行い，未到達な状況が生まれた場合には，教え方と学び方の両方に反省を加え，改善を行うことができる。まさしく「目標に準拠した評価」こそが，未来を生きる子どもたちに本物の「生きる力」を保障する確固たる方針である。

（2）新しい観点での評価規準の明確化と評価方法の工夫

　「目標に準拠した評価」を具体的に展開していくためには，到達目標にもとづく評価規準を明確にする必要がある。評価規準があいまいな場合には，子どもたちが到達目標に達したかどうかの判断が主観的なものになってしまう。したがって，評価規準を明確にすることは「目標に準拠した評価」の成否を決する大切な作業となる。

　2020年度からの新しい学習評価では，観点が「知識・技能」「思考・判断・表現」「主体的に学習に取り組む態度」の3観点に統一される。どの観点でも，到達目標の設定と評価規準の明確化に加え，子どもたちが評価規準をパスしたかどうかを評価する方法の工夫が必要となる。そのような評価方法は，子どもたちの学びの過程を映し出したり，子どもが評価活動に参加して，自己表現－自己評価できるものが望ましい。

　当然のことながら，それらの評価が「評価のための評価」となってはならない。そのためには，これまで以上に客観的な評価規準を設定することが不可欠となる。

　このたび上梓された本書が，「目標に準拠した評価」を実現するための有効な手引書になれば幸いである。

本書の 特長

○新学習指導要領の趣旨を踏まえ，教科書の単元ごとに到達目標と評価規準を，新しい3観点それぞれで設定。また，授業ごとの学習活動も簡潔に提示。新学習指導要領と新観点に沿った指導計画，授業計画の作成に役立ちます。

内容紹介

〔紙面はサンプルです〕

5年　　　　　　　　　　　　　　　　　　教科書：p.219〜240　配当時数：6時間　配当月：3月

7 すぐれた表現に着目して読み，物語のみりょくをまとめよう

大造じいさんとガン

> **時数，配当月表示**

> **領域表示**

> **関連する道徳の内容項目**

主領域　C読むこと

関連する道徳の内容項目　D生命の尊さ／自然愛護／感動，畏敬の念

到達目標

≫知識・技能

○文章を朗読することができる。

○思考に関わる語句の量を増やし語彙を豊かにしたり，語感や言葉の使い方に対する感覚を意識して，語や語句を使ったりすることができる。

○新しく習う漢字を正しく読んだり書いたりすることができる。

> **到達目標**
> 授業の目標が明確にわかり，授業計画のもとになります。

≫思考・判断・表現

○人物像や物語などの全体像を具体的に想像したり，表現の効果を考えたりすることがで

○文章を読んでまとめた意見や感想を共有し，自分の考えを広げることができる。

○登場人物の相互関係や心情などについて，描写をもとに捉えることができる。

○文章を読んで理解したことに基づいて，自分の考えをまとめることができる。

○物語を読み，内容を説明したり，自分の生き方などについて考えたことを伝え合ったりする活動ができる。

≫主体的に学習に取り組む態度　※「主体的に学習に取り組む態度」は方向目標を示しています。

○叙述に沿って心情の移り変わりを追うとともに，友達と交流して思いや考えを広げる中で，情景描写に着目して心情を捉えようとする。

評価規準

≫知識・技能

○いちばん心に残った場面を，自分が感じたことが伝わるように朗読している。

○情景描写に着目し，その効果や描写によって表現されている心情について考え，その

○新しく習う漢字を正しく読んだり書いたりしている。

　　　　　　　　　　　　　　　　　　　　　　　　　　　　　　● 対応する学

> **評価規準**
> 「知識・技能」「思考・判断・表現」
> 児童が目標に達したかどうかをみとる際の規準です。
> 授業中の様子や児童のノートを確認する際の参考にもなります。

≫思考・判断・表現

○「大造じいさん」の心情の移り変わりを読み取ることで物語の山場を捉え，「大造じい

化について読み取っている。

○物語を読んで考えたことを伝え合い，物語の魅力に対する自分の考えを広げている。

○行動や会話，情景描写などから，「大造じいさん」と「残雪」の関係や，「大造じいさ

○物語の魅力について，優れた表現に着目しながら，自分の考えをまとめている。

○物語の魅力について説明したり，自分の生き方に照らして考えたことなどを伝え合う

　　　　　　　　　　　　　　　　　　　　　　　　　　　　　　● 対応する学習指導要領の項

> **評価規準**
> **「主体的に学習に取り組む態度」**
> この評価規準を参考に，「主体的に学習に取り組む態度」の評価を行うことができます。

≫主体的に学習に取り組む態度

〇優れた叙述に着目しながら，「大造じいさん」の心情の変化を読み取ろうとしている。

〇物語を読んで感じたことや考えたことを交流し，自分の思いや考えを広げようとしている。

学習活動

小単元名	時数	学習活動	学習の過程
大造じいさんとガン①	1	〇238ページ「学習」をもとに学習計画を立てる。 ・これまで読んだ物語を想起し，どのような魅力があったか話し合う。 ・219ページのリード文を読み，大造じいさんとガンの関係や，心情や場面の様子を表す表現に興味をもつ。 ・全文を読み，登場人物の関係や，心情や場面の様子を表す表現に着目して初発の感想を書き，交流する。	見通し 構造と内容の把握
大造じいさんとガン②	2	〇人物の心情や関係の変化をもとに，物語の山場を捉える。 ・238ページ上段を読み，「山場」について理解する。 ・場面ごとに，「残雪」との関わりの中で「大造じいさん」の心情や両者の関係がどのように変化したかまとめる。 ・「大造じいさん」の「残雪」に対する見方が，何を〔 〕てどう変わったか考える。 〇情景描写を見つけ，その表現にどのような心情が表〔 〕える。 ・情景描写がある場合とない場合を比べて，表現の効〔 〕える。	精査・解釈
大造じいさんとガン③	1	〇心に残った場面を選び，自分の感じたことが表れ〔 〕する。 ・心に残った場面を選び，朗読の練習をする。 ・238・239ページ下段を参考に，朗読する時のポイントを押さえる。 ・朗読を聞き合い，感じたことを友達と伝え合う。	考えの形成
大造じいさんとガン④	1	〇物語の魅力についてまとめる。 ・物語の中で，最も効果的だと感じる表現を選ぶ。 ・選んだ表現の効果と選んだ理由を中心に，物語の魅力についての考えをまとめる。 ・239ページ下段の例を参考にする。	考えの形成
大造じいさんとガン⑤	1	〇まとめたものを読み合い，物語の魅力に対する自分の考えを広げる。 ・まとめたものを，友達と読み合う。 ・自分と友達の考えを比べながら読み，感じたことを伝え合う。	共有
		〇239ページ「ふりかえろう」で単元の学びをふり返る。 〇240ページ「この本，読もう」を読み，他の本に読み広げる。	ふり返り

> **学習活動**
> 授業ごとの学習活動が明確になっているので，新教科書の授業で何をすればよいかがわかります。

新学習指導要領の ポ イ ン ト

Ⅰ　新学習指導要領の最大のポイント

　新学習指導要領では，全体を通して「何を学ぶか」に加えて「何ができるようになるか」が重視されています。身に付けた知識・技能を日常生活や学習場面で活用できる力を育てるということです。

　また，「なぜ学ぶのか」という学習の意義についても児童に確信を持たせることが必要とされています。それが主体的に学習に取り組む態度，学力につながり，最終的にはこれからの「予測が困難な時代」にも対応可能な「生きる力」を育てることになります。

Ⅱ　資質・能力の育成と主体的・対話的で深い学び

　「生きる力」に不可欠な資質・能力の柱として以下の三つが明記されました。

1．知識及び技能
2．思考力，判断力，表現力等
3．学びに向かう力，人間性等

これらの「資質・能力」を育成するために，「主体的・対話的で深い学び」に向けた授業改善が必要とされています。

　「主体的」とは児童が意欲をもって学習にあたること，「対話的」とは先生からの一方的な授業ではなく，自分の考えを発表し，ほかの児童の考えを聞いて自分の考えをより深めるなどの活動です。これらを通して，より深い学力，つまり生活の中で活用できる学力を身に付けるようにするということです。

Ⅲ　生活に生かす

　新学習指導要領には「日常生活」「生活に生かす」という言葉が多く出てきます。「なぜ学ぶのか」ということを児童が実感するためにも，学習内容と生活との関連を意識させ，学習への意欲をもつようにさせることが必要になります。「日常生活」や「生活に生かす」というキーワードを意識した授業が求められます。

Ⅳ　言語能力の育成

　「教科横断的な視点に立った資質・能力の育成」という項目の中で，学習の基盤となる資質・能力として「情報活用能力」「問題発見・解決能力等」とあわせて「言語能力」が重視されています。国語ではもちろん，他の教科でも言語能力を育成するということになります。

　各教科内容の理解のためにも，「対話的」な学びを行うためにも，言語能力は必要です。具体的には，自分の考えをほかの人にもわかるように伝えることができるか，ほかの人の意見を理解することができるかを評価し，もし不十分であれば，それを指導，改善していくという授業が考えられます。「言語能力の育成」を意

識して，児童への発問やヒントをどう工夫するか，ということも必要になります。

Ⅴ　評価の観点

　資質・能力の三つの柱に沿った以下の3観点とその内容で評価を行うことになります。

「知識・技能」　　　　　　①個別の知識及び技能の習得

　　　　　　　　　　　　②個別の知識及び技能を，既有の知識及び技能と関連付けたり活用する中で，概念等としての理解や技能の習得

「思考・判断・表現」　　　①知識及び技能を活用して課題を解決する等のために必要な思考力，判断力，表現力等

「主体的に学習に取り組む態度」①知識及び技能を習得したり，思考力，表現力等を身に付けたりすることに向けた粘り強い取組

　　　　　　　　　　　　②粘り強い取組の中での，自らの学習の調整

Ⅵ　カリキュラム・マネジメント

　3年と4年に「外国語活動」が，5年と6年には教科として「外国語」が導入され，それぞれ35単位時間増えて，3年と4年は35単位時間，5年と6年は70単位時間になります。また，「主体的・対話的な学び」を推進していくと，必要な授業時数が増えていくことも考えられます。

　このような時間を捻出するために，それぞれの学校で目標とする児童像を確認しながら，「総合的な学習の時間」を核として各教科を有機的につなげた教科横断的なカリキュラムを組むなどの方法が考えられます。このカリキュラムを目標達成の観点から点検，評価しつつ改善を重ねていくカリキュラム・マネジメントが必要になります。

Ⅶ　プログラミング学習

　小学校にプログラミング学習が導入されます。プログラミングそのものを学ぶのではなく，プログラミングの体験を通して論理的思考力を身に付けるための学習活動として位置づけられています。プログラミングそのものを学ぶのではありませんから，教師がプログラマーのような高度な知識や技術を持つ必要はありません。プログラミングの体験を通して，どのようにして児童の論理的思考力を育てていくかに注力することが必要です。

学習指導要領 国語改訂の ポイント

(1)国語の教科目標と重視されたこと

新学習指導要領には，以下のように理科の教科目標がまとめられています。

> **国語の目標**
>
> 言葉による見方・考え方を働かせ，言語活動を通して，国語で正確に理解し適切に表現する資質・能力を次のとおり育成することを目指す。
>
> (1)日常生活に必要な国語について，その特質を理解し適切に使うことができるようにする。
>
> (2)日常生活における人との関わりの中で伝え合う力を高め，思考力や想像力を養う。
>
> (3)言葉がもつよさを認識するとともに，言語感覚を養い，国語の大切さを自覚し，国語を尊重してその能力の向上を図る態度を養う。

今回の学習指導要領改訂で学習内容の改善・充実のために重視した点として，学習指導要領解説で以下のことが挙げられています。

ア　語彙指導の改善・充実

語彙を豊かにする指導の改善・充実を図り，自分の語彙を量と質の両面から充実させること。具体的には，意味を理解している語句の数を増やすだけでなく，話や文章の中で使いこなせる語句を増やすとともに，語句の認識を深め，語彙の質を高めること。このことを踏まえ，各学年において，指導の重点となる語句のまとまりを示すとともに，語句への理解を深める指導事項を系統化した。

イ　情報の扱い方に関する指導の改善・充実

「情報の扱い方に関する事項」を新設し，「情報と情報の関係」と「情報の整理」の二つの系統に整理した。

ウ　学習過程の明確化，「考えの形成」の重視

全ての領域において，自分の考えを形成する学習過程を重視し，「考えの形成」に関する指導事項を位置付けた。

エ　我が国の言語文化に関する指導の改善・充実

「伝統的な言語文化」，「言葉の由来や変化」，「書写」，「読書」に関する指導事項を「我が国の言語文化に関する事項」として整理するとともに，第1学年及び第2学年の新しい内容として，言葉の豊かさに関する指導事項を追加するなど，その内容の改善を図った。

オ　漢字指導の改善・充実

都道府県名に用いる漢字20字を「学年別漢字配当表」の第4学年に加えるとともに，児童の学習負担に配慮し，第4学年，第5学年，第6学年の配当漢字及び字数の変更を行った。

(2)国語の内容と領域の構成

　内容の構成は三つの柱にそって整理され、〔知識及び技能〕と〔思考力，判断力，表現力等〕の２項目で各学年の内容が示されています。

ア　〔知識及び技能〕の内容

(1)言葉の特徴や使い方に関する事項

　「話し言葉と書き言葉」，「漢字」，「語彙」，「文や文章」，「言葉遣い」，「表現の技法」，「音読，朗読」に関する内容を整理し，系統的に提示。

(2)情報の扱い方に関する事項

　アの「情報と情報との関係」，イの「情報の整理」の二つの内容で構成し，系統的に提示。

(3)我が国の言語文化に関する事項

　「伝統的な言語文化」，「言葉の由来や変化」，「書写」，「読書」に関する内容を「我が国の言語文化に関する事項」として整理。

イ　〔思考力，判断力，表現力等〕の領域と内容

A　話すこと・聞くこと

　学習過程に沿って，次のように構成。

①話題の設定，情報の収集，内容の検討

②構成の検討，考えの形成(話すこと)

③表現，共有(話すこと)

④構造と内容の把握，精査・解釈，考えの形成，共有（聞くこと）

⑤話合いの進め方の検討，考えの形成，共有（話し合うこと）

B　書くこと

　学習過程に沿って，次のように構成。

①題材の設定，情報の収集，内容の検討　②構成の検討　③考えの形成，記述　④推敲　⑤共有

C　読むこと

　学習過程に沿って，次のように構成。

①構造と内容の把握　②精査・解釈　③考えの形成　④共有

学習指導要領改訂の方向性

新しい時代に必要となる資質・能力の育成と，学習評価の充実

学びを人生や社会に生かそうとする
学びに向かう力，人間性等の涵養

未知の状況にも対応できる
生きて働く知識・技能の習得　　**思考力・判断力・表現力等の育成**

何ができるようになるか

何を学ぶか　　**どのように学ぶか**

新しい時代に必要となる資質・能力を踏まえた教科・科目等の新設や目標・内容の見直し

5年・6年での外国語教育の教科化
各教科等で育む資質・能力を明確化し，目標や内容を構造的に示す
学習内容の削減は行わない

主体的・対話的で深い学び（「アクティブ・ラーニング」）の視点からの学習過程の改善

生きて働く知識・技能の習得など，新しい時代に求められる資質・能力を育成
知識の量を削減せず，質の高い理解を図るための学習過程の質的改善

出典：文部科学省『新しい学習指導要領の考え方－中央教育審議会における議論から改訂そして実施へ－』より（一部改変）

指導要録改訂の ポイント

I 指導要録の主な変更点

①全教科同じ観点に

「指導に関する記録」部分で，各教科の観点が全教科統一されました。

②評定の記入欄が，「各教科の学習の記録」部分へ

これまで評定の記入欄は独立していましたが，「評定が観点別学習状況の評価を総括したものであることを示すため」に「各教科の学習の記録」部分へ移動しました。

③外国語（5・6年）が「各教科の学習の記録」部分に追加

④「外国語活動の記録」部分が，5・6年から3・4年に変更

⑤「総合所見及び指導上参考となる諸事項」の記入スペースが小さく

教師の勤務負担軽減の観点から，「総合所見及び指導上参考となる諸事項」については，要点を箇条書きとするなど，その記載事項を必要最小限にとどめることになったためです。

また，「通級による指導に関して記載すべき事項が当該指導計画に記載されている場合には，その写しを指導要録の様式に添付することをもって指導要録への記入に変えることも可能」となりました。

⑥条件を満たせば，指導要録の様式を通知表の様式と共通のものにすることが可能

通知表の記載事項が，指導要録の「指導に関する記録」に記載する事項をすべて満たす場合には，設置者の判断により，指導要録の様式を通知表の様式と共通のものとすることが可能であるとなっています。

II 新指導要録記入上の留意点

①教科横断的な視点で育成を目指すこととされた資質・能力の評価

「言語能力」「情報活用能力」「問題発見・解決能力」などの教科横断的な視点で育成を目指すこととされた資質・能力の評価は，各教科等における観点別学習状況の評価に反映することになります。

②「特別の教科 道徳」の評価（これまでと変更なし）

・数値による評価ではなく，記述式で行う

・個々の内容項目ごとではなく，多くくりなまとまりを踏まえた評価を行う

・他の児童との比較による評価ではなく，児童がいかに成長したかを積極的に受け止めて認め，励ます個人内評価とする　　など

③外国語活動（3・4年）の評価

観点別に設けられていた文章記述欄が簡素化されました。評価の観点に即して，児童の学習状況に顕著な事項がその特徴を記入する等，児童にどのような力が身に付いたかを文章で端的に記述します。

Ⅲ 新小学校児童指導要録（参考様式）の「指導に関する記録」部分

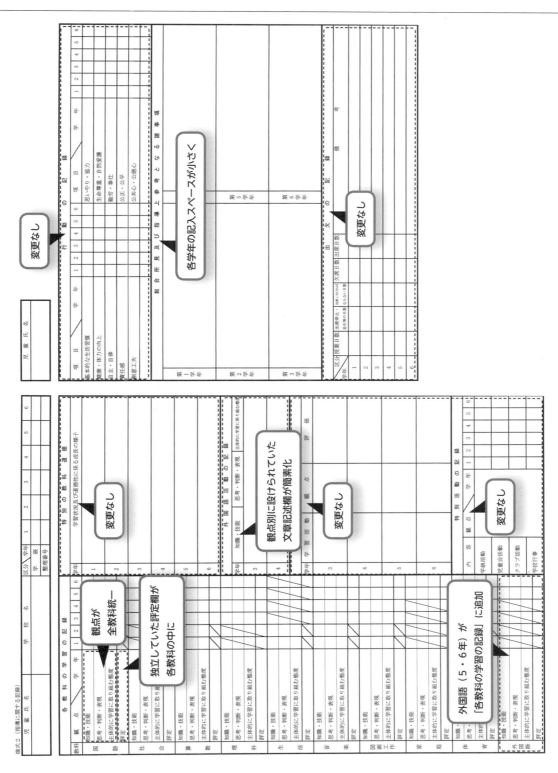

各教科の評価の 観点 と 領域

Ⅰ　2020年度からの評価の観点

　新学習指導要領では，すべての教科等で教育目標や内容が資質・能力の三つの柱「知識及び技能」「思考力，判断力，表現力等」「学びに向かう力，人間性等」に沿って再整理されました。

　この教育目標や内容の再整理を踏まえて，観点別評価については，すべての教科で「知識・技能」「思考・判断・表現」「主体的に学習に取り組む態度」の3観点で行うことになります。

Ⅱ　各観点で評価する内容

①知識・技能

　・知識及び技能の習得状況

　・習得した知識及び技能を既有の知識及び技能と関連付けたり活用したりする中で，他の学習や生活の場面でも活用できる程度に概念等を理解したり，技能を習得したりしているかどうか

②思考・判断・表現

　・知識及び技能を活用して課題を解決する等のために必要な思考力，判断力，判断力等を身に付けているかどうか

③主体的に学習に取り組む態度

　・知識及び技能を獲得したり，思考力・判断力，表現力等を身に付けたりするために，自らの学習状況を調整しながら，学ぼうとしているかどうかという意志的な側面

Ⅲ　各観点での評価の方法

①知識・技能

　・知識や技能の習得だけを評価するのではなく，概念的な理解ができているかという視点でも評価を行います。

②思考・判断・表現

　・ペーパーテストだけではなく，論述やレポートの作成，発表，グループや学級における話し合い，作品の制作や表現等の多様な活動の中での評価，それらを集めたポートフォリオを活用したりするなどの評価方法を工夫する必要があります。

③主体的に学習に取り組む態度

　・ノートの記述，授業中の発言や行動，児童による自己評価や相互評価等を，評価の際に考慮する材料の一つとして用いることが考えられます。その際，児童の発達の段階や一人一人の個性を十分に考慮しながら，「知識・技能」や「思考・判断・表現」の観点の状況も踏まえた上で，評価を行う必要があります。

Ⅳ 学習指導要領における内容の表示

国語と外国語は，観点別，領域別に内容を表示し，算数と理科は領域別に，社会については観点別，領域別に分けず，単純に学年別に内容を表示しています。これらの違いは教科性によるものです。これは，資質・能力の育成を目指して「目標に準拠した評価」をさらに進めるためでもあります。

Ⅴ 各教科の観点と領域

観点

教科	〜2019年度	2020年度〜
国語	国語への関心・意欲・態度	知識・技能
	話す・聞く能力	思考・判断・表現
	書く能力	主体的に学習に取り組む態度
	読む能力	
	言語についての知識・理解・技能	
算数	算数への関心・意欲・態度	知識・技能
	数学的な考え方	思考・判断・表現
	数量や図形についての技能	主体的に学習に取り組む態度
	数量や図形についての知識・理解	
理科	自然事象への関心・意欲・態度	知識・技能
	科学的な思考・表現	思考・判断・表現
	観察・実験の技能	主体的に学習に取り組む態度
	自然事象についての知識・理解	
社会	社会的事象への関心・意欲・態度	知識・技能
	社会的な思考・判断・表現	思考・判断・表現
	観察・資料活用の技能	主体的に学習に取り組む態度
	社会的事象についての知識・理解	
外国語（英語）		知識・技能
		思考・判断・表現
		主体的に学習に取り組む態度

領域

教科	〜2019年度	2020年度〜
国語	A 話すこと・聞くこと	A 話すこと・聞くこと
	B 書くこと	B 書くこと
	C 読むこと	C 読むこと
	伝統的な言語文化と国語の特質に関する事項	
算数	A 数と計算	A 数と計算
	B 量と測定	B 図形
	C 図形	C 測定（1〜3年）／変化と関係（4〜6年）
	D 数量関係	D データの活用
理科	A 物資・エネルギー	A 物質・エネルギー
	B 生命・地球	B 生命・地球
社会		
外国語（英語）		聞くこと
		読むこと
		話すこと（やり取り）
		話すこと（発表）
		書くこと

単元一覧表　学図1年

3学期制	2学期制	月	単元名
1学期	前期	4	どういおうかな
			おなまえおしえて
			おはなしききたいな
			みんなであいうえお
			おおきくちいさく
			えんぴつもって
			となえうた
			えからみつけたよ
		5	どこがかわったかな
			ひらがなひろば
			゛や゜の　つく　じ
			ことばあそび
			ともだちとはなそう
			にているじ
			つまるおん
			おはなしをよもう
			かえるのかさ
			のばすおん
		6	えをみてはなそう
			かるたをつくろう
			おはなしをたのしもう
			たぬきのじてんしゃ
			ちいさいゃ・ゅ・ょ
			えやしゃしんでたしかめながらよもう
			いきもののあし
			きのうのこと
		7	は・を・へ
			おはなしをたのしんでよもう
			おおきなかぶ
			おはなしをふりかえろう
			ほんをよもう
			たのしくかぞえよう
			かぞえうた
			かんじでかこう
			かずのかんじ
			えにっきをかこう
2学期		9	しをあじわおう
			いるか
			おさるがふねをかきました
			1　みんなのまえではなそう
			はなしたいな，なつやすみのこと
			2　みつけてよもう
			はまべでひろったよ
			ことば
			かたかなをみつけよう
			3　かんさつしたことをかこう
			がっこうでみつけたよ
			ことばをききとろう
			「ぬりえゲーム」をしよう
	後期	10	ことばのいずみ1　かんじのできかた
			むかしばなしをよもう
			さるじぞう
			おはなしがいっぱい
			うみはごきげん
			1　くらべてよもう
			くらしをまもる車
			しらべてかこう
			のりものしらべをしよう
			しらべよう　まとめよう
			ずかんをつかってしらべよう
		11	ことばのきまり1　文のかたち
			ことばのいずみ1　かたかな
			2　みんなではなしあおう
			クイズ大会をしよう
			3　ようすをおもいうかべてよもう
			はじめは「や！」
			ことばのいずみ2　日づけとよう日
			ゆたかにひょうげんしよう
			見て，きいて，さわって
		12	4　じゅんじょをたしかめながら　よもう
			まめ
			文しょうのかきかた・まとめかた
			まる（。），てん（，），かぎ（「　」）のつけかた
			ことばのきまり2
			よみやすくするために
			きょうをのこそう
			にっきをかこう
			どくしょをひろげよう
			どくしょびじゅつかんをつくろう
			どくしょのへや
			みんなにつたえよう
			ふゆ休みにしたよ
3学期		1	5　つながりをかんがえてよもう
			めだかのぼうけん
			そうぞうをひろげよう
			「音」をさがしておはなしづくり
			ことばのいずみ3　まとめてよぶことば
		2	ことばをおくろう
			ありがとうをとどけよう
			ことばのいずみ4　ひつじゅんとにているかん字
			6　じゅんじょよくかこう
			おてつだいをしたよ
			7　ばめんのようすをおもいうかべてよもう
			ろくべえまってろよ
		3	かん字のひろば
			これからのあなたへ
			うれしかった
			一年生をふりかえって

学図 2 年

3学期制	2学期制	月	単元名
1学期	前期	4	ねぎぼうずのがくたい
			ことばでつながる
			ことばビンゴをつくろう
			1　おはなしとえからそうぞうしてよもう
			スイミー
			きょうをのこそう
			いろいろな日記をかこう
			きせつのたより（はる）
			ことばのいずみ1　かん字の画
		5	みんなにつたえよう
			はじめたよ，こんなこと
			ことばのきまり1　主語と述語
			2　じゅんじょを考えながらよもう
			ほたるの一生
			しらべて書こう
			しらべよう，まとめよう　生きものの一生
			かん字のひろば1
			しらべよう　まとめよう
			ずかんをつかってまとめよう
		6	ことばのいずみ2　かん字のでき方
			文しょうの書き方・まとめ方
			書き出しをくふうしよう
			ことばを聞きとろう
			たからさがしにちょうせん
			3　ずや ひょうに して くらべて 読もう
			たこのすみ　いかのすみ
			きせつのたより（なつ）
			ことばのいずみ3　音やようすをあらわすことば
			ことばをうけとめよう
			どう言えばいいかな
			文しょうの書き方・まとめ方
			げんこうようしのつかい方
			ことばであそぼう
			かん字のひろば2
		7	4　ようすがわかるように書こう
			ふだんのできごとをしょうかいしよう
			ことばをつないで文を作ろう1
			読書にしたしもう
			お話クイズ大会をしよう
			山のとしょかん
			読書のへや
2学期	後期	9	しをあじわおう
			たべもの
			いろんなおとのあめ
			ことばのきまり2　くわしくあらわすことば・さししめすことば
			5　せつ明のじゅんじょを考えて読もう
			食べるのは，どこ
			6　くらべて書こう
			どこをくらべる？
		10	ことばのいずみ4　声に出してたしかめよう
			むかしのものがたりをたのしもう
			ヤマタノオロチ
			ことばをつないで文を作ろう2
			いちばんぼし
			1　作り方をたしかめながら読もう
			とべとべ回れ
			しらべて書こう
			作ってあそぼう
			きせつのたより（あき）
			みんなにつたえよう
			がんばってるよ，こんなこと
		11	2　したことのわけをそうぞうして読もう
			きつねのおきゃくさま
			文しょうの書き方・まとめ方
			組み立てを考えよう
			ことばのきまり1　文のおしまいのひょうげん
			ことばであそぼう1
			ことばをつないで文を作ろう1
			3　考えたものをはっぴょうしよう
			こんなものがほしいなあ
		12	4　一日のながれを読もう
			水ぞくかんのしいくいん
			ゆたかにひょうげんしよう
			したことを生き生きと
			5　場めんのようすと人ぶつのしたことを読もう
			かさこじぞう
			かん字の広場
			ことばをつないで文を作ろう2
			読書を広げよう
			本の「おび」を作ろう
			読書のへや
3学期		1	きせつのたより（ふゆ）
			みんなにつたえよう
			こんなあそびをしたよ
			6　かんけいをたしかめながら読もう
			どんぐり
			ことばのいずみ1　なかまのことば
		2	7　話し合ってまとめよう
			やってごらんおもしろいよ
			ことばのいずみ2　二つのかん字でできたことば
			そうぞうを広げよう
			何があったのかな
			ことばであそぼう2
			ことばをつないで文を作ろう3
		3	8　かんそうをもって読もう
			お手紙
			ことばをおくろう
			知らせたいことをはがきに書こう
			これからのあなたへ
			山
			二年生をふりかえって

学図 3 年

3学期制	2学期制	月	単元名
1学期	前期	4	どきん
			ことばでつながる
			すごろくを作ろう
			1　へんかのきっかけを読もう
			つり橋わたれ
			自分だけのノートを作ろう
			みんなにつたえよう
			しょうかいしよう，わたしのお気に入り
			言葉のいずみ1　国語じてんの使い方
			きせつのたより（春）
		5	2　要点をおさえて読もう
			ミラクル　ミルク
			調べて書こう
			食べ物のひみつをさぐろう
			調べよう　まとめよう
			「百科事典」を引いて調べよう
			言葉のひびきやリズムを楽しもう
			俳句
		6	言葉のいずみ2　音読み・訓読み・送りがな
			言葉をつないで文を作ろう1
			分類しよう
			いろいろな見方で分類しよう
			漢字の広場
			きせつのたより（夏）
			3　だん落どうしの関係を読もう
			合図としるし
			見つけたことを書こう
			見つけよう，合図としるし
		7	言葉のきまり1　しゅうしょく語
			4　やくわりを決めて話し合おう
			クラスレクリエーションをしよう
			言葉をつないで文を作ろう2
			読書に親しもう
			おもしろさを話し合おう
			あらしの夜に
			読書のへや
2学期		9	詩を味わおう
			うち　知ってんねん
			夕日がせなかをおしてくる
			5　様子をくわしく書こう
			つたえたいことがいっぱい
			言葉を聞き取ろう
			校内放送を聞き取ろう
			考えのまとめ方・広げ方
			考えをまとめよう，広げよう
	後期		言葉をおくろう
			あんないじょうを書こう
			ローマ字
			言葉をつないで文を作ろう3
		10	いきもの
			言葉から想像しよう
			言葉と言葉のつながりを楽しもう
			1　要約してつながりを読もう
			ネコのひげ
			長い間つかわれてきた言葉を知ろう　慣用句
			きせつのたより（秋）
		11	2　絵から読み取ったことを話そう
			ミニギャラリーの解説委員になろう
			文章の書き方・まとめ方
			作文をよりよくしよう
			漢字の広場
			言葉をつないで文を作ろう1
			ゆたかに表現しよう
			ほかのものになりきって
			言葉のきまり1　こそあど言葉
		12	3　人物の変化を読もう
			モチモチの木
			絵をくらべながら読もう
			言葉のきまり2　言葉のなかま分け
			4　ぎ問を調べて書こう
			「はてな」を調べて書こう
			読書を広げよう
			本のポップを作ろう
			読書の部屋
3学期		1	きせつのたより（冬）
			みんなにつたえよう
			これはわたしにおまかせください
			言葉のいずみ1　漢字の組み立て（部首）
			想像を広げよう
			写真が動き出す
		2	5　調べたことをほうこくしよう
			遊びをくらべよう
			言葉をつないで文を作ろう2
			6　分類して整理しながら読もう
			冬眠する動物たち
			文章の書き方・まとめ方
			つながりを考えて書こう
			言葉を受け止めよう
			心をとどけよう，受け止めよう
		3	7　おもしろさを見つけて読もう
			わにのおじいさんのたから物
			言葉のいずみ2　漢字のでき方
			ローマ字
			言葉で遊ぼう
			言葉をつないで文を作ろう3
			これからのあなたへ
			なにかをひとつ
			三年生をふり返って

小学校 教科書単元別

到達目標と評価規準

国語
学1-3年

| 1年 | 学図 | 教科書【上】：p.2〜3　配当時数：2時間　配当月：4月 |

どう　いおうかな

| 主領域 | A話すこと・聞くこと |

| 関連する道徳の内容項目 | B親切，思いやり／礼儀 |

到達目標

≫知識・技能
○丁寧な言葉と普通の言葉との違いに気をつけて使うことができる。

≫思考・判断・表現
○互いの話に関心をもち，相手の発言を受けて話をつなぐことができる。

≫主体的に学習に取り組む態度　　※「主体的に学習に取り組む態度」は方向目標を示しています。
○場面に合った挨拶の言葉に関心をもち，気持ちよくはっきりと言おうとする。

評価規準

≫知識・技能
○場面に合わせて丁寧な言葉と普通の言葉を使い分けている。

● 対応する学習指導要領の項目：(1) キ

≫思考・判断・表現
○挨拶の言葉に関心をもって，その場面に合った挨拶を伝え合っている。

● 対応する学習指導要領の項目：A (1) オ

≫主体的に学習に取り組む態度
○場面に合った挨拶の言葉に関心をもち，気持ちよくはっきりと言おうとしている。

学習活動

小単元名	時数	学習活動	学習の過程
どう　いおうかな	2	○教科書の絵を見たり自分の経験をふり返ったりして，挨拶の言葉や挨拶の意義を考える。 ○教科書の絵を参考にしていろいろな場面を設定し，その場面にふさわしい挨拶をしてみる。	考えの形成　共有

| 1年 | 学図 | 教科書【上】：p.4〜5　配当時数：1時間　配当月：4月 |

おなまえ　おしえて

| 主領域 | A話すこと・聞くこと |

| 関連する道徳の内容項目 | B礼儀／友情，信頼 |

到達目標

≫知識・技能

○平仮名及び片仮名を読んだり書いたりすることができる。

≫思考・判断・表現

○友達に見てもらうために名前を書いて名刺を作ることができる。

○友達と自己紹介をし合って，対話することができる。

≫主体的に学習に取り組む態度　※「主体的に学習に取り組む態度」は方向目標を示しています。

○自己紹介をし合うことに関心をもち，隣の席の友達や近くの席の友達と自己紹介しようとする。

評価規準

≫知識・技能

○友達の名前を読んだり自分の名前を書いたりしている。

● 対応する学習指導要領の項目：(1) ウ

≫思考・判断・表現

○友達に見てもらうために名前を書いて名刺を作っている。

○友達と自己紹介をし合って，対話している。

● 対応する学習指導要領の項目：A (1) ア，オ

≫主体的に学習に取り組む態度

○自己紹介をし合うことに関心をもち，隣の席の友達や近くの席の友達と自己紹介しようとしている。

学習活動

小単元名	時数	学習活動	学習の過程
おなまえ　おしえて	1	○友達に見てもらうために名前を書いて名刺を作る。 ○名前を書いたカードを使って，自己紹介をし合う。	考えの形成　共有

| 1年 | 学図 | 教科書【上】：p.6〜7　配当時数：2時間　配当月：4月 |

おはなし　ききたいな

主領域　C読むこと

到達目標

》》知識・技能
○読書に親しみ，いろいろな本があることを知ることができる。

》》思考・判断・表現
○場面の様子に着目して，登場人物の行動を具体的に想像することができる。
○読み聞かせを聞くなどして内容や感想を伝え合う活動ができる。

》》主体的に学習に取り組む態度　※「主体的に学習に取り組む態度」は方向目標を示しています。
○教師の読み聞かせを楽しんで聞こうとする。

評価規準

》》知識・技能
○読書に親しみ，いろいろな本に触れている。

● 対応する学習指導要領の項目：(3) エ

》》思考・判断・表現
○場面の様子に着目して，登場人物の行動を具体的に想像している。
○読み聞かせを聞いて，感想を伝え合っている。

● 対応する学習指導要領の項目：C (1) エ　(2) イ

》》主体的に学習に取り組む態度
○教師の読み聞かせを楽しんで聞いている。

学習活動

小単元名	時数	学習活動	学習の過程
おはなし　ききたいな	2	○知っている話や聞きたい話について話したり聞いたりする。 ○教師の読む本の話を興味をもって聞く。	精査・解釈

| 1年 | 学図 |

教科書【上】：p.8〜9　配当時数：2時間　配当月：4月

みんなで　あいうえお

到達目標

》知識・技能
○音節と文字との関係に気づくとともに，姿勢や口形，発声や発音に注意して話すことができる。
○平仮名を読むことができる。

》主体的に学習に取り組む態度　※「主体的に学習に取り組む態度」は方向目標を示しています。
○姿勢や口形，発声や発音に気をつけて話そうとする。

評価規準

》知識・技能
○姿勢や口形，発声や発音に注意して話している。
○「あいうえお」のつく言葉を，音節を確かめながら発音している。

● 対応する学習指導要領の項目：(1) イ，ウ

》主体的に学習に取り組む態度
○姿勢や口形，発声や発音に気をつけて「あいうえお」のつく言葉を言っている。

学習活動

小単元名	時数	学習活動	学習の過程
みんなで　あいうえお	2	○姿勢や口形に気をつけて「あいうえお」を発声する。 ○「あいうえお」のつく言葉を，手をたたきながら言う。	

| 1年 | 学図 | 教科書【上】：p.10〜11　配当時数：2時間　配当月：4月 |

おおきく　ちいさく

到達目標

≫知識・技能
○その場の状況や場面によって，声の大きさを考えて話すことができる。

≫主体的に学習に取り組む態度　　※「主体的に学習に取り組む態度」は方向目標を示しています。
○場面に合った声の大きさに気をつけて話そうとする。

評価規準

≫知識・技能
○その場の状況や場面によって，声の大きさを考えて話している。

●対応する学習指導要領の項目：(1) ウ

≫主体的に学習に取り組む態度
○隣の人と話すとき，みんなの前で話すときなど，場面に合った声の大きさに気をつけて話そうとしている。

学習活動

小単元名	時数	学習活動	学習の過程
おおきく　ちいさく	2	○声の大きさを考えて話すことの大切さを理解する。 ○いろいろな場面で，声の大きさを考えながら話してみる。	

| 1年 | 学図 |

教科書【上】：p.12〜13　配当時数：3時間　配当月：4月

えんぴつ　もって

到達目標

≫知識・技能

○運筆に慣れて，平仮名を書くことができる。

○語のまとまりに気をつけて音読することができる。

≫主体的に学習に取り組む態度　※「主体的に学習に取り組む態度」は方向目標を示しています。

○姿勢や持ち方に気をつけて，平仮名の文字や言葉を丁寧に正しく書こうとする。

評価規準

≫知識・技能

○運筆練習をしたり，教科書の言葉を書いたりしている。

○「つくし」「ことり」「かさ」を声に出して読んでいる。

●対応する学習指導要領の項目：(1) ウ，ク

≫主体的に学習に取り組む態度

○姿勢や持ち方に気をつけて，平仮名の文字や言葉を丁寧に正しく書こうとしている。

●

学習活動

小単元名	時数	学習活動	学習の過程
えんぴつ　もって	3	○姿勢や鉛筆の持ち方に気をつけて，運筆練習をしたり，文字を書いたりして筆遣いに慣れる。 ○よい姿勢や鉛筆の持ち方がわかる。 ○ます目のどこから，どの順で書くかを知る。 ○絵と結び付けて，「つくし」「ことり」「かさ」を読む。	

| 1年 | 学図 | 教科書【上】：p.14〜15　配当時数：2時間　配当月：4月 |

となえうた

あいうえ　おにの　うた

主領域　C読むこと

到達目標

》知識・技能
○姿勢や口形，発声や発音に注意して話すことができる。
○平仮名を読むことができる。
○語のまとまりや言葉の響きなどに気をつけて音読することができる。

》思考・判断・表現
○場面の様子の大体を捉えることができる。

》主体的に学習に取り組む態度　　※「主体的に学習に取り組む態度」は方向目標を示しています。
○五十音を使った歌を，楽しみながら声に出して読もうとする。

評価規準

》知識・技能
○「あいうえ　おにの　うた」を，姿勢や口形，発声や発音に注意して読んでいる。
○歌に使われている平仮名，特に母音（あ，い，う，え，お）をはっきりした正しい発音で読んでいる。
○4文字・4文字・5文字のまとまりや言葉の響きに気をつけながら音読している。
●対応する学習指導要領の項目：(1) イ，ウ，ク

》思考・判断・表現
○教科書の絵も参考にしながら，場面の様子の大体を捉えている。
●対応する学習指導要領の項目：C (1) イ

》主体的に学習に取り組む態度
○五十音を使った歌を，楽しみながら声に出して読んでいる。

学習活動

小単元名	時数	学習活動	学習の過程
あいうえ　おにの　うた	2	○絵と結び付けて文を読み，気づいたり思ったりしたことを話したり，聞いたりする。	構造と内容の把握
		○語や文のまとまりに気をつけて，調子よくはっきりした発音で音読する。	考えの形成　共有

| 1年 | 学図 | 教科書【上】：p.16〜17　配当時数：3時間　配当月：4月 |

えから　みつけたよ

| 主領域 | A話すこと・聞くこと |

到達目標

》知識・技能
○文の中における主語と述語との関係に気づくことができる。

》思考・判断・表現
○互いの話に関心をもち，相手の発言を受けて話をつなぐことができる。
○尋ねたり応答したりするなどして，少人数で話し合う活動ができる。

》主体的に学習に取り組む態度　※「主体的に学習に取り組む態度」は方向目標を示しています。
○「〜が〜ます」の文型に気をつけて，絵の中の出来事を話そうとする。

評価規準

》知識・技能
○「〜が〜ます」の文型で絵の中の出来事を話すことに気づいている。
　　　　　　　　　　　　　　　　　　　　　　　　● 対応する学習指導要領の項目：(1) カ

》思考・判断・表現
○相手の発言を受けて，正対した答え方をして話をつないでいる。
○絵の中のことについて，質問したり答えたりしている。
　　　　　　　　　　　　　　　　　　　　● 対応する学習指導要領の項目：A (1) オ　 (2) イ

》主体的に学習に取り組む態度
○「〜が〜ます」の文型に気をつけて，絵の中の出来事を話そうとしている。

学習活動

小単元名	時数	学習活動	学習の過程
えから　みつけたよ	3	○「〜が〜ます」の文型に従って，絵の中の出来事を話す。 ○教師の質問に対して，絵を見ながら答える。 ○友達どうしで質問したり答えたりする。	考えの形成　共有

| 1年 | 学図 |

教科書【上】：p.18〜19　配当時数：3時間　配当月：5月

どこが　かわったかな

主領域　A話すこと・聞くこと

到達目標

≫知識・技能
○言葉には，事物の内容を表す働きや，経験したことを伝える働きがあることに気づくことができる。
○身近なことを表す語句の量を増やし，話の中で使うことができる。

≫思考・判断・表現
○話し手が知らせたいことや自分が聞きたいことを落とさないように集中して聞き，話の内容を捉えて感想をもつことができる。
○尋ねたり応答したりするなどして，少人数で話し合う活動ができる。

≫主体的に学習に取り組む態度　※「主体的に学習に取り組む態度」は方向目標を示しています。
○絵を見て，していることや様子などについて質問したり答えたりしようとする。

評価規準

≫知識・技能
○教科書の2つの絵の違いを探し，見つけたことを発表したり話し合ったりしている。
○身近なことを表す語句の量を増やし，話の中で使っている。
　　　　　　　　　　　　　　　　　　　　　　　　　　　● 対応する学習指導要領の項目：(1) ア，オ

≫思考・判断・表現
○絵を見ながら，描かれている情景について，見つけたことを話したり聞いたりている。
○絵の中の人物がどんなことを話しているか考えて，友達と伝え合っている。
　　　　　　　　　　　　　　　　　　　　　　　　　● 対応する学習指導要領の項目：A (1) オ　(2) イ

≫主体的に学習に取り組む態度
○絵を見て，していることや様子などについて質問したり答えたりしようとしている。

学習活動

小単元名	時数	学習活動	学習の過程
どこが　かわったかな	3	○教科書の絵を見て，人やどんな動物がどこにいて，何をしているかについて，発表したり話し合ったりする。 ○教科書の2つの絵の違いを探し，見つけたことを発表したり話し合ったりする。	考えの形成　共有

| 1年 | 学図 | | 教科書【上】：p.20〜21　配当時数：2時間　配当月：5月 |

ひらがなひろば

到達目標

≫知識・技能

○姿勢や口形，発音や発声に注意して話すことができる。

○平仮名を読むことができる。

≫主体的に学習に取り組む態度　※「主体的に学習に取り組む態度」は方向目標を示しています。

○平仮名の表に関心をもち，縦横に読んで仕組みを理解しようとする。

評価規準

≫知識・技能

○五十音表を声に出して読んで，組み立てや仕組みを理解している。

○平仮名を読んでいる。

● 対応する学習指導要領の項目：(1) イ，ウ

≫主体的に学習に取り組む態度

○平仮名の表に関心をもち，縦横に読んで仕組みを理解しようとしている。

学習活動

小単元名	時数	学習活動	学習の過程
ひらがなひろば	2	○五十音表を縦に読む。 ○五十音表を横に読む。 ○五十音表の平仮名でいろいろな言葉を作ってみる。	

| 1年 | 学図 | 教科書【上】：p.22〜23　配当時数：2時間　配当月：5月 |

゛や゜の つくじ

主領域　B書くこと

到達目標

≫知識・技能
○濁点と半濁点の表記を理解して正しく書くことができる。
○身近なことを表す語句の量を増やし，話や文の中で使うことができる。
○語のまとまりや言葉の響きなどに気をつけて音読することができる。

≫思考・判断・表現
○語と語の続き方に注意しながら書くことができる。

≫主体的に学習に取り組む態度　※「主体的に学習に取り組む態度」は方向目標を示しています。
○濁音や半濁音の付く言葉を正しく読んだり書いたりしようとする。

評価規準

≫知識・技能
○濁点と半濁点の表記の仕方を理解し，それを含む言葉を正しく読み書きしている。
○身近なことを表す語句の量を増やし，話や文の中で使っている。
○清音・濁音・半濁音などに気をつけて「かばさんの　さんぽ」を音読している。
●対応する学習指導要領の項目：(1) ウ，オ，ク

≫思考・判断・表現
○語と語の続き方に注意しながら書いている。
●対応する学習指導要領の項目：B (1) ウ

≫主体的に学習に取り組む態度
○濁音や半濁音の付く言葉を正しく読んだり書いたりしている。

学習活動

小単元名	時数	学習活動	学習の過程
゛や ゜の つくじ	2	○清音を含む言葉と濁音を含む言葉を対比して，濁音について理解する。 ・清音と濁音の違いを確かめ，濁点に気をつけて正しく書く。 ○半濁音について理解する。 ・「ひ」の清音・濁音・半濁音を比較して確かめる。 ・半濁音を含む言葉を正しく書く。 ○「かばさんの　さんぽ」を読んで，清音・濁音・半濁音を理解する。	考えの形成　記述

| 1年 | 学図 | 教科書【上】：p.24〜27　配当時数：4時間　配当月：5月 |

ことばあそび

主領域　B書くこと

到達目標

》知識・技能
○言葉には，事物の内容を表す働きがあることに気づくことができる。
○音節と文字の関係に気づくことができる。
○平仮名を読むことができる。
○言葉遊びを通して，言葉の豊かさに気づくことができる。

》思考・判断・表現
○語と語の続き方に注意しながら書くことができる。

》主体的に学習に取り組む態度　※「主体的に学習に取り組む態度」は方向目標を示しています。
○言葉遊びを通して，音や音節に注意して言葉を集めようとする。

評価規準

》知識・技能
　○言葉には，事物の内容を表す働きがあることに気づいている。
　○音節と文字の関係に気づき，音節をヒントにして言葉を考えている。
　○絵に対応させて平仮名を読んでいる。
　○言葉遊びを通して，音の数に気をつけて言葉を選んでいる。
　　　　　　　　　　　　　　　　　　　●対応する学習指導要領の項目：(1) ア，イ，ウ，オ　(3) イ

》思考・判断・表現
　○語と語の続き方に注意しながら書いている。
　　　　　　　　　　　　　　　　　　　●対応する学習指導要領の項目：B (1) ウ

》主体的に学習に取り組む態度
　○しりとり遊びやクロスワード遊びなどを通して，音や音節に注意して言葉を集めている。

学習活動

小単元名	時数	学習活動	学習の過程
ことばあそび①	2	○しりとり遊びの仕方を知り，いろいろな言葉について音や音節を確かめる。 ・2〜3人でグループになり，しりとり遊びをする。	考えの形成　記述　共有

| ことばあそび② | 2 | ○クロスワード遊びの仕方を知り，空欄に入る言葉を探す。
○「た」を抜いて言葉をつくる遊びを知り，文を読む。 | 考えの形成　記述　共有 |

| 1年 | 学図 |

教科書【上】：p.28〜29　配当時数：3時間　配当月：5月

ともだちと　はなそう

| 関連する道徳の内容項目 | A個性の伸長　B友情，信頼

到達目標

≫知識・技能
○言葉には，事物の内容を表す働きがあることに気づくことができる。
○姿勢や口形，発声や発音に注意して話すことができる。
○文の中における主語と述語との関係に気づくことができる。

≫思考・判断・表現
○身近なことから話題を決め，伝え合うために必要な事柄を選ぶことができる。
○話し手が知らせたいことや自分が聞きたいことを落とさないように集中して聞き，話の内容を捉えて感想をもつことができる。
○互いの話に関心をもち，相手の発言を受けて話をつなぐことができる。
○伝えたいことを話したり，それらを聞いて感想を述べたりする活動ができる。

≫主体的に学習に取り組む態度　※「主体的に学習に取り組む態度」は方向目標を示しています。
○自分のことを話したり友達の話を聞いたりしながら，知りたいことをきいて話をつなげようとする。

評価規準

≫知識・技能
○自分の好きな遊びを言葉に表している。
○相手を見て話したり聞いたりしている。
○主語と述語に気をつけて話している。

●対応する学習指導要領の項目：(1) ア，イ，カ

≫思考・判断・表現
○自分が知らせたいことを選んでいる。
○友達が知らせたいことを落とさないように集中して聞き，感想をもっている。
○友達の話を聞いて，もっと知りたいことを質問するなどして話をつなげている。
○自分が知らせたいことを選んで，友達にわかるように話したり聞いたりしている。

●対応する学習指導要領の項目：A (1) ア，エ，オ　(2) ア

≫主体的に学習に取り組む態度
○自分のことを話したり友達の話を聞いたりしながら，話を受けて知りたいことをきいて話をつなげようとしている。

学習活動

小単元名	時数	学習活動	学習の過程
ともだちと　はなそう	3	○自分のことを話したり，友達のことを聞いたりする活動に興味をもつ。	話し合いの進め方の検討
		○グループの友達と，相手を変えて話したり聞いたりする。 ・知りたいと思ったことを質問して話をつなげていく。	考えの形成　共有

| 1年 | 学図 |

教科書【上】：p.30〜31　配当時数：3時間　配当月：5月

にて　いる　じ

主領域　B書くこと

到達目標

≫知識・技能
○形の似ている平仮名を区別して，読んだり書いたりすることができる。
○身近なことを表す語句の量を増やし，話や文章の中で使うことができる。

≫思考・判断・表現
○語と語の続き方に注意しながら，書くことができる。

≫主体的に学習に取り組む態度　※「主体的に学習に取り組む態度」は方向目標を示しています。
○形の似ている平仮名に関心をもち，似ているところや違うところに気をつけて読んだり書いたりしようとする。

評価規準

≫知識・技能
○形の似ている平仮名を区別して，正しく読んだり書いたりしている。
○身近なことを表す語句の量を増やし，話や文章の中で使っている。
● 対応する学習指導要領の項目：(1) ウ，オ

≫思考・判断・表現
○語と語の続き方に注意しながら書いている。
● 対応する学習指導要領の項目：B (1) ウ

≫主体的に学習に取り組む態度
○形の似ている平仮名に関心をもち，似ているところや違うところに気をつけて読んだり書いたりしようとしている。

学習活動

小単元名	時数	学習活動	学習の過程
にて　いる　じ	3	○形の似ている平仮名に気づき，正しく読んだり書いたりする。 ・それぞれの言葉を読み，絵と結び付ける。 ・形の似ている平仮名に気づき，どこが似ていてどこが違うかを確かめる。 ・似ているところと違うところに気をつけて，正しく整った形で書く。	考えの形成　記述

1年 学図 　　　　　　　　　　　　　　　　教科書【上】：p.32〜33　配当時数：2時間　配当月：5月

つまる　おん

主領域　B書くこと

到達目標

≫知識・技能

○音節と文字との関係による語の意味の違いに気づくとともに，姿勢や口形，発声や発音に注意して話すことができる。

○促音の表記を理解して，言葉や文の中で使うことができる。

○文の中における主語と述語の関係に気づくことができる。

○語のまとまりや言葉の響きなどに気をつけて音読することができる。

≫思考・判断・表現

○語と語の続き方に注意しながら書くことができる。

≫主体的に学習に取り組む態度　　※「主体的に学習に取り組む態度」は方向目標を示しています。

○促音の付く言葉を正しく読んだり書いたりしようとする。

評価規準

≫知識・技能

○促音は1音節と数えることに気づき，手をたたきながら発音しいている。

○促音の表記の仕方を理解し，それを含む言葉を正しく読み書きしている。

○「〜は　〜。」という主語と述語の関係に気づいている。

○促音に気をつけて「ねこと　ばった」を音読している。

　　　　　　　　　　　　　　　　　　　　　● 対応する学習指導要領の項目：(1) イ，ウ，カ，ク

≫思考・判断・表現

○語と語の続き方に注意しながら書いている。

　　　　　　　　　　　　　　　　　　　　　● 対応する学習指導要領の項目： B (1) ウ

≫主体的に学習に取り組む態度

○促音の付く言葉を正しく読んだり書いたりしている。

学習活動

小単元名	時数	学習活動	学習の過程
つまる　おん	2	○「ねこ・ねっこ」「なつ・なっぱ」などを書き比べ，促音の表記を理解する。 ・ますのどこに小さな「っ」を書くか確かめる。 ○「ねこと　ばった」を声に出して読み，促音の読み方や書き方を確かめる。 ・促音をはっきり発音する。 ○促音を含むほかの言葉で，読み方や書き方を確かめる。 ○促音を含むほかの言葉で，「〜は　〜。」の文を書く。	考えの形成　記述

| 1年 | 学図 | 教科書【上】：p.34〜39　配当時数：6時間　配当月：5月 |

おはなしを　よもう

かえるの　かさ

主領域　C読むこと

到達目標

≫知識・技能

○言葉には，事物の内容を表す働きや，経験したことを伝える働きがあることに気づくことができる。

○敬体で書かれた文章に慣れることができる。

○語のまとまりや言葉の響きに気をつけて音読することができる。

≫思考・判断・表現

○場面の様子や登場人物の行動など，内容の大体を捉えることができる。

≫主体的に学習に取り組む態度　※「主体的に学習に取り組む態度」は方向目標を示しています。

○お話の内容の大体を捉え，語や文のまとまりを意識してはっきりと音読しようとする。

評価規準

≫知識・技能

○「かえるの　かさ」を読んで，出来事や経験したことを表す言葉を見つけている。

○敬体表現の文章に慣れている。

○語のまとまりや言葉の響きに気をつけて音読している。

● 対応する学習指導要領の項目：(1) ア，キ，ク

≫思考・判断・表現

○雨が降ってきた様子や，まことさんとあきさんの行動など，内容の大体を捉えている。

● 対応する学習指導要領の項目：C (1) イ

≫主体的に学習に取り組む態度

○お話の内容の大体を捉え，語や文のまとまりを意識してはっきりと音読している。

●

学習活動

小単元名	時数	学習活動	学習の過程
かえるの　かさ①	1	○どんなお話か考えながら，ゆっくりはっきり声に出して読む。	構造と内容の把握
かえるの　かさ②	3	○場面ごとに内容を考える。 ・口形に気をつけてはっきり発音しながら，ゆっくりと読む。 ・挿絵を見て，だれがどんなことをしたのかを読みとり，発表する。	精査・解釈

| かえるの　かさ③ | 2 | ○まことさんやあきさんがしたことや様子を思いうかべながら音読する。
・出てくる人物や周りの様子を想像しながら，語や文のまとまりを考えて音読する。 | 考えの形成　共有 |

| 1年 | 学図 |

教科書【上】：p.40〜41　配当時数：2時間　配当月：5月

のばす　おん

主領域　B書くこと

到達目標

》知識・技能
○音節と文字との関係による語の意味の違いに気づくとともに，姿勢や口形，発声や発音に注意して話すことができる。
○長音の表記を理解して，言葉や文の中で使うことができる。
○語のまとまりや言葉の響きなどに気をつけて音読することができる。

》思考・判断・表現
○語と語の続き方に注意しながら書くことができる。

》主体的に学習に取り組む態度　※「主体的に学習に取り組む態度」は方向目標を示しています。
○長音を含む言葉を正しく読んだり書いたりしようとする。

評価規準

》知識・技能
○長音は1音節と数えることに気づき，手をたたきながら発音している。
○長音の表記の仕方を理解し，それを含む言葉を正しく読み書きしている。
○長音に気をつけて「ゆうれい」を音読している。
　　　　　　　　　　　　　　　　　　　　　　　　● 対応する学習指導要領の項目：(1) イ，ウ，ク

》思考・判断・表現
○語と語の続き方に注意しながら書いている。
　　　　　　　　　　　　　　　　　　　　　　　　● 対応する学習指導要領の項目：B (1) ウ

》主体的に学習に取り組む態度
○長音を含む言葉を正しく読んだり書いたりしている。

学習活動

小単元名	時数	学習活動	学習の過程
のばす　おん	2	○「おばさん・おばあさん」「おじさん・おじいさん」などを書き比べ，長音の表記を理解する。 ・「とけい」「おおかみ」の例外の表記の仕方を覚える。 ○「ゆうれい」を声に出して読み，長音の読み方や書き方を確かめる。 ・長音をはっきり発音する。 ○長音を含むほかの言葉で，読み方や書き方を確かめる。 ○長音を含むほかの言葉で，「〜を　〜。」の文を書く。	考えの形成　記述

| 1年 | 学図 | 教科書【上】：p.42〜43　配当時数：4時間　配当月：6月 |

えを　みて　はなそう

主領域　A話すこと・聞くこと

到達目標

知識・技能
○言葉には，事物の内容を表す働きがあることに気づくことができる。
○共通，相違，事柄の順序など情報と情報との関係について理解することができる。

思考・判断・表現
○互いの話に関心をもち，相手の発言を受けて話をつなぐことができる。
○尋ねたり応答したりするなどして，少人数で話し合う活動ができる。

主体的に学習に取り組む態度　※「主体的に学習に取り組む態度」は方向目標を示しています。
○一連の絵に対して関心をもち，考えたことを話そうとしたり，友達のお話を聞いたりしようとする。

評価規準

知識・技能
○絵の中の出来事を言葉で表している。
○教科書の①〜④の絵で，変わったところ，変わらないところを見つけている。
● 対応する学習指導要領の項目：(1) ア　(2) ア

思考・判断・表現
○ひと続きの絵を見て場面ごとに想像したことを，順序を考えて話したり，友達の考えたお話を聞いたりしている。
○友達のお話を聞いて尋ねたり応答したりしながら話し合っている。
● 対応する学習指導要領の項目：A (1) オ　(2) イ

主体的に学習に取り組む態度
○教科書の4枚の絵を見て，考えたことを話そうとしたり，友達のお話を聞いたりしている。
●

学習活動

小単元名	時数	学習活動	学習の過程
えを　みて　はなそう①	1	○絵を見て出来事のあらましを捉え，場面ごとに想像したことを話したり聞いたりする。	
えを　みて　はなそう②	3	○それぞれの場面の絵について想像したことを話したり聞いたりする。 ○各自が自分で筋を考え，言ったことなども入れてお話を作る。 ○筋のとおりに，会話も入れて話をする。	

| 1年 | 学図 | 教科書【上】：p.44〜45　配当時数：3時間　配当月：6月 |

かるたを　つくろう

関連する道徳の内容項目　C伝統と文化の尊重，国や郷土を愛する態度

到達目標

≫知識・技能

○身近なことを表す語句の量を増やし，文の中で使い，語彙を豊かにすることができる。

○文の中における主語と述語との関係に気づくことができる。

○長く親しまれている言葉遊びを通して，言葉の豊かさに気づくことができる。

≫思考・判断・表現

○経験したことや想像したことなどから書くことを見つけ，必要な事柄を集めたり確かめたりして，伝えたいことを明確にすることができる。

○語と語や文と文との続き方に注意しながら，内容のまとまりがわかるように書き表し方を工夫することができる。

≫主体的に学習に取り組む態度　　※「主体的に学習に取り組む態度」は方向目標を示しています。

○文を作ることに興味をもち，身近なことから書くことを選び，様子を思いうかべながら書こうとする。

評価規準

≫知識・技能

○身近な出来事をかるたにして，語彙を増やしている。

○主語と述語の関係に注意して，主語と述語が対応した文を作っている。

○作ったかるたやほかのかるたで遊び，いろいろな言葉に触れている。

● 対応する学習指導要領の項目：(1) オ，カ　(3) イ

≫思考・判断・表現

○身近な出来事やしたことなどから書くことを選び，文を考えてそれに合う絵をかいている。

○「─が(を)─する。」の文型を理解し，終わりに句点をつけて正しい文を書いている。

● 対応する学習指導要領の項目：B (1) ア，ウ

≫主体的に学習に取り組む態度

○かるたを作ることに興味をもち，身近なことから書くことを選び，絵をかいたり文を書いたりしている。

学習活動

小単元名	時数	学習活動	学習の過程
かるたを　つくろう	3	○「─が─する。」の文型を理解し，44ページの絵に合う文を作る。	内容の検討　記述
		○「─を─する。」の文型を理解し，「かるた」を作る。 ・身近なことから書くことを選び，絵札に絵もかく。 ○「かるた」遊びをする。	題材の選定 考えの形成　記述

| 1年 | 学図 | 教科書【上】：p.46〜49　配当時数：8時間　配当月：6月 |

おはなしを　たのしもう

たぬきの　じてんしゃ

主領域　C読むこと

関連する道徳の内容項目　A節度，節制

到達目標

知識・技能
○言葉には，事物の内容を表す働きや，経験したことを伝える働きがあることに気づくことができる。
○かぎ（「　」）の使い方を理解し，平仮名を読むことができる。
○語のまとまりや言葉の響きに気をつけて音読することができる。

思考・判断・表現
○場面の様子や登場人物の行動など，内容の大体を捉えることができる。
○物語の内容と自分の体験とを結び付けて，感想をもつことができる。
○物語を読んで感じたことや思ったことを共有することができる。
○物語を読んで，内容や感想を伝え合ったり演じたりする活動ができる。

主体的に学習に取り組む態度　※「主体的に学習に取り組む態度」は方向目標を示しています。
○会話文にかぎ（「　」）を使っているところに気をつけて物語を読もうとする。

評価規準

知識・技能
○「たぬきの　じてんしゃ」を読んで，出来事や経験したことを表す言葉を見つけている。
○会話文にかぎ（「　」）を使っていることに気づいている。
○語のまとまりや言葉の響きに気をつけて音読している。
　　　　　　　　　　　　　　　　　　　　　　　●対応する学習指導要領の項目：(1) ア，ウ，ク

思考・判断・表現
○場面の様子やたぬきの子どもの行動など，内容の大体を捉えている。
○自分が自転車に乗ったときのことを思い出して，物語の感想をもっている。
○「たぬきの　じてんしゃ」を読んで感じたことや思ったことを友達と交流し，共有している。
○「たぬきの　じてんしゃ」を読んで，内容や感想を伝え合っている。
　　　　　　　　　　　　　　　　　　　●対応する学習指導要領の項目：C (1) イ，オ，カ　(2) イ

主体的に学習に取り組む態度
○「たぬきの　じてんしゃ」を読み，会話文にかぎ（「　」）を使っていることに気をつけて，その部分を工夫して音読しようとしている。

学習活動

小単元名	時数	学習活動	学習の過程
たぬきの　じてんしゃ ①	1	○全文を読んであらすじを捉える。	構造と内容の把握
たぬきの　じてんしゃ ②	6	○たぬきの子が自転車を買ってもらった場面と，自分のしっぽをくわえて走った場面の内容を読む。 ○からすがからかい，たぬきの子がしゃべってしまった場面の内容を読む。 ○たぬきの子がしっぽをおんぶして走ることにした場面の内容を読む。	精査・解釈
たぬきの　じてんしゃ ③	1	○好きな場面を，様子を思いうかべながら，会話文に気をつけて音読する。	考えの形成　共有

| 1年 | 学図 | 教科書【上】：p.50〜51　配当時数：2時間　配当月：6月 |

ちいさい　や・ゅ・よ

主領域　B書くこと

到達目標

≫知識・技能

○音節と文字との関係による語の意味の違いに気づくとともに，姿勢や口形，発声や発音に注意して話すことができる。

○拗音の表記を理解して，言葉や文の中で使うことができる。

○語のまとまりや言葉の響きなどに気をつけて音読することができる。

≫思考・判断・表現

○語と語の続き方に注意しながら書くことができる。

≫主体的に学習に取り組む態度　　※「主体的に学習に取り組む態度」は方向目標を示しています。

○拗音を含む言葉を正しく読んだり書いたりしようとする。

評価規準

≫知識・技能

○拗音は清音と合わせて1音節と数えることに気づき，手をたたきながら発音している。

○拗音の表記の仕方を理解し，それを含む言葉を正しく読み書きしている。

○拗音に気をつけて「まじょの　りょうり」を音読している。

　　　　　　　　　　　　　　　　　　　　　●対応する学習指導要領の項目：(1) イ，ウ，ク

≫思考・判断・表現

○語と語の続き方に注意しながら書いている。

　　　　　　　　　　　　　　　　　　　　　●対応する学習指導要領の項目：B (1) ウ

≫主体的に学習に取り組む態度

○拗音を含む言葉を正しく読んだり書いたりしている。

学習活動

小単元名	時数	学習活動	学習の過程
ちいさい ゃ・ゅ・ょ	2	○「いしや・いしゃ」「びよういん・びょういん」などを書き比べ，拗音の表記を理解する。 ・ますの中のどの位置に書くかに注意する。 ○「まじょの　りょうり」を声に出して読み，拗音の読み方や書き方を確かめる。 ・清音＋拗音で１音節となることに気をつける。 ○拗音を含むほかの言葉で，読み方や書き方を確かめる。 ○拗音を含むほかの言葉で，「〜へ　〜。」の文を書く。	考えの形成　記述

| 1年 | 学図 |

教科書【上】：p.52〜59　配当時数：8時間　配当月：6月

えや　しゃしんで　たしかめながら　よもう

いきものの　あし

| 主領域 | C読むこと | | 領域 | B書くこと |

| 関連する道徳の内容項目 | D自然愛護 |

到達目標

》知識・技能

○文の中における主語と述語との関係に気づくことができる。

○敬体で書かれた文章に慣れることができる。

○語のまとまりや言葉の響きなどに気をつけて音読することができる。

》思考・判断・表現

○語や文のまとまりに注意して，絵や写真と結び付けて文章を読み，内容の大体を捉えることができる。

○文章を読んで感じたことやわかったことを共有することができる。

○図鑑や科学的なことについて書いた本を読み，わかったことなどを説明する活動ができる。

○語と語や文と文との続き方に注意しながら，内容のまとまりがわかるように書き表し方を工夫することができる。

》主体的に学習に取り組む態度　※「主体的に学習に取り組む態度」は方向目標を示しています。

○絵や写真と結び付けて文章を読み，自分で調べた動物について説明しようとする。

評価規準

》知識・技能

○文の中の主語と述語との関係に気づいている。

○敬体で書かれた文章に慣れている。

○語のまとまりや言葉の響きなどに気をつけて音読している。

●対応する学習指導要領の項目：(1) カ，キ，ク

》思考・判断・表現

○絵や写真と結び付けて文章を読み，生き物の足について内容の大体を捉えている。

○「いきものの　あし」を読んでわかったことや，おもしろい，不思議だなどと思ったことを共有している。

○自分が気になった動物の足について，図鑑などで調べて説明する活動をしている。

●対応する学習指導要領の項目：C (1) ア，カ　(2) ウ

○調べた動物の足について，教科書と同じ書き方（「これは，なんのあしでしょう。」「これは，○○のあしです。……」）で
　書いている。

●対応する学習指導要領の項目：B (1) ウ

》主体的に学習に取り組む態度

○絵や写真と結び付けて文章を読み，自分で調べた動物について教科書の書き方に倣って説明しようとしている。

学習活動

小単元名	時数	学習活動	学習の過程
いきものの　あし①	1	○全文を読み，内容の大体を捉える。	構造と内容の把握
いきものの　あし②	5	○あひるの足について内容を読む。 ○らいおんの足について内容を読む。 ○だちょうの足について内容を読む。	精査・解釈
いきものの　あし③	2	○好きな生き物，不思議に思った生き物など，１つを選んで図鑑などで調べ，説明する。 ・「これは，なんのあしでしょう。」「これは，○○のあしです。……」という書き方に倣い，調べた生き物について書く。	考えの形成　記述
		○「いきものの　あし」を読んでわかったことや，おもしろい，不思議だなどと思ったことを話し合う。	考えの形成　共有

48

| 1年 | 学図 | 教科書【上】：p.60〜63　配当時数：6時間　配当月：6月 |

きのうの　こと

主領域　B書くこと　　領域　A話すこと・聞くこと

関連する道徳の内容項目　A希望と勇気，努力と強い意志　B礼儀

到達目標

≫知識・技能
○平仮名を読み，書くとともに，文や文章の中で使うことができる。
○文の中における主語と述語との関係に気づくことができる。
○丁寧な言葉と普通の言葉との違いに気をつけて使うことができる。

≫思考・判断・表現
○経験したことから書くことを見つけ，必要な事柄を集めたり確かめたりして，伝えたいことを明確にすることができる。
○語と語や文と文との続き方に注意しながら，内容のまとまりがわかるように書き表し方を工夫することができる。
○文章に対する感想を伝え合い，自分の文章の内容や表現のよいところを見つけることができる。
○日記を書くなど，思ったことや伝えたいことを書く活動ができる。
○身近なことや経験したことなどから話題を決め，伝え合うために必要な事例を選ぶことができる。
○相手に伝わるように，行動したことや経験したことに基づいて，話す事柄の順序を考えることができる。

≫主体的に学習に取り組む態度　　※「主体的に学習に取り組む態度」は方向目標を示しています。
○昨日したことについて，みんなに話したり文章に書いたりしようとする。

評価規準

≫知識・技能
○教師が黒板に書いた平仮名を読んだり書き写したりするとともに，自分の作文を平仮名で書いている。
○主語と述語の整った文を書いている。
○丁寧な言葉を使っている。
　　　　　　　　　　　　　　　　　　　　　　　●対応する学習指導要領の項目：(1) ウ，カ，キ

≫思考・判断・表現
○昨日したことを思い出して書いている。
○昨日のことを思い出して，句読点を正しく使って，簡単な文を書いている。
○友達が書いた文章を読んで感想を伝え合い，自分の文章のよいところを見つけている。
○昨日したことをよく思い出して書く活動をしている。
　　　　　　　　　　　　　　　　　　　●対応する学習指導要領の項目：B (1) ア，ウ，オ　　(2) イ
○昨日したことの中から，みんなに伝えたいことを選んで話している。
○クラスのみんなに伝わるように，昨日したことについて，話す事柄の順序を考えている。
　　　　　　　　　　　　　　　　　　　　　　　●対応する学習指導要領の項目：A (1) ア，イ

≫主体的に学習に取り組む態度

○昨日したことについてよく思い出し，クラスのみんなに話したり文章に書いたりしようとしている。

学習活動

小単元名	時数	学習活動	学習の過程
きのうの　こと①	2	○昨日したことを思い出して，みんなに話す。 ・教師は話を聞きながら板書する。 ・黒板に書かれた文章を，よく見て書き写す。	話題の設定 情報の収集
きのうの　こと②	1	○昨日したことをよく思い出して，書く。 ・「せんせい，あのね…」に続く文型で書く。	考えの形成　記述
きのうの　こと③	3	○思い出したことを，敬体の文章で書く。 ・ますの数などをそろえたワークシートに書く。	考えの形成　記述

| 1年 | 学図 | 教科書【上】：p.64〜65　配当時数：3時間　配当月：7月 |

は・を・へ

主領域　B書くこと

到達目標

≫知識・技能
○助詞の「は」「を」「へ」の使い方を理解し，文の中で正しく使うことができる。
○文の中における主語と述語との関係に気づくことができる。

≫思考・判断・表現
○語と語や文と文との続き方に注意しながら，内容のまとまりがわかるように書き表し方を工夫することができる。

≫主体的に学習に取り組む態度　※「主体的に学習に取り組む態度」は方向目標を示しています。
○助詞の「は」「を」「へ」の使い方を理解し，「わ」「お」「え」と区別して文の中で正しく使おうとする。

評価規準

≫知識・技能
○助詞の「は」「を」「へ」の使い方がわかり，文の中で正しく使っている。
○文の中における主語と述語との関係に気づいている。
　　　　　　　　　　　　　　　　　　　　　　　●対応する学習指導要領の項目：(1) ウ，カ

≫思考・判断・表現
○主語と述語の関係に注意して，主語と述語が対応した文を作っている。
　　　　　　　　　　　　　　　　　　　　　　　●対応する学習指導要領の項目：B (1) ウ

≫主体的に学習に取り組む態度
○助詞の「は」「を」「へ」の使い方を理解し，「わ」「お」「え」と区別して文の中で正しく使おうとしている。

学習活動

小単元名	時数	学習活動	学習の過程
は・を・へ	3	○「はと」の「は」と助詞の「は」を比べて，使い方や発音の違いを知る。 ○「おにごっこ」「おりがみ」の「お」と，助詞の「を」を比べて，使い方や発音の違いを知る。 ○「こうえん」の「え」と助詞の「へ」を比べて，使い方や発音の違いを知る。 ○「へや」の「へ」と助詞「へ」を比べて，使い方や発音の違いを知る。	考えの形成
		○助詞「は，を，へ」を使った文を書く。	記述

| 1年 | 学図 |

教科書【上】：p.66〜77　配当時数：10時間　配当月：7月

1年

おはなしを　たのしんで　よもう

おおきな　かぶ

主領域　C読むこと

関連する道徳の内容項目　C勤労，公共の精神／国際理解，国際親善

到達目標

》知識・技能

○文の中における主語と述語との関係に気づくことができる。

○語のまとまりや言葉の響きなどに気をつけて音読することができる。

○読書に親しみ，いろいろな本があることを知ることができる。

》思考・判断・表現

○場面の様子や登場人物の行動など，内容の大体を捉えることができる。

○場面の様子に着目して，登場人物の行動を具体的に想像することができる。

○文章を読んで感じたことやわかったことを共有することができる。

○読み聞かせを聞いたり物語を読んだりして，内容や感想などを伝え合ったり演じたりする活動ができる。

》主体的に学習に取り組む態度　※「主体的に学習に取り組む態度」は方向目標を示しています。

○物語を読んで，内容について話し合ったり，登場人物になって演じたりしようとする。

評価規準

》知識・技能

○主語と述語との関係に気づき，誰が何をしたかを捉えている。

○繰り返しや言葉のリズムのおもしろさを味わいながら，音読したり動作化したりしている。

○読書に親しみ，いろいろな本に触れている。

●対応する学習指導要領の項目：(1) カ，ク　(3) エ

》思考・判断・表現

○「おおきな　かぶ」を読み，人物の行動や場面の様子など内容の大体を捉えている。

○場面ごとに，誰がどんなことをしたか，登場人物の行動を具体的に想像している。

○「おおきな　かぶ」を読んで感じたことやわかったことを友達と交流し，共有している。

○絵を見ながら教師の読む「おおきな　かぶ」の話を聞き，捉えた内容や感想を話したり聞いたりしている。

●対応する学習指導要領の項目：C (1) イ，エ，カ　(2) イ

》主体的に学習に取り組む態度

○「おおきな　かぶ」を読んで，内容について話し合ったり，登場人物になって演じたりしようとしている。

学習活動

小単元名	時数	学習活動	学習の過程
おおきな　かぶ①	1	○絵を見ながら教師の読み聞かせを聞き，捉えた内容や感想を話したり聞いたりする。	構造と内容の把握
おおきな　かぶ②	6	○まとまりごとに場面の様子を思いうかべながら，詳しく読み取る。 ・だれが，どんな順番で出てきて，どんなことをしたのか。	精査・解釈
おおきな　かぶ③	1	○詳しく読んだことをもとにして，様子や気持ちが表れるように音読する。	考えの形成　共有
おおきな　かぶ④	2	○大きなかぶを抜くまでを，役割分担し，動作化する。	考えの形成　共有
		○77ページの本を参考にして，物語を読み広げる。	

| 1年 | 学図 | 教科書【上】：p.80〜81　配当時数：2時間　配当月：7月 |

たのしく　かぞえよう

かぞえうた

到達目標

≫知識・技能

○助数詞の使い方を理解し，文や文章の中で使うことができる。

○言葉には意味による語句のまとまりがあることに気づき，語彙を豊かにすることができる。

○語のまとまりや言葉の響きなどに気をつけて音読することができる。

○新しく習う漢字を正しく読んだり書いたりすることができる。

≫主体的に学習に取り組む態度　※「主体的に学習に取り組む態度」は方向目標を示しています。

○助数詞に関心をもち，いろいろなものの数え方を知ろうとする。

評価規準

≫知識・技能

○漢数字を正しく読み書きし，身近なものの数え方と合わせて，文の中で正しく使っている。

○いろいろなものの数え方を知り，語彙を増やしている。

○語のまとまりや言葉の響きなどに気をつけて「かぞえうた」を音読している。

○新しく習う漢字を正しく読んだり書いたりしている。

　　　　　　　　　　　　　　　　　　　　　　　　　　　● 対応する学習指導要領の項目：(1) エ，オ，ク

≫主体的に学習に取り組む態度

○助数詞に関心をもち，身の回りのいろいろなものの数え方を知ろうとしている。

学習活動

小単元名	時数	学習活動	学習の過程
かぞえうた	2	○「かぞえうた」をくり返し読む。 ・手をたたきながら，リズムを楽しんで読む。 ・漢数字の音読み，訓読みがわかる。 ○いろいろなものの数え方を知る。	

| 1年 | 学図 | 教科書【上】：p.82〜83　配当時数：2時間　配当月：7月 |

かんじで　かこう
かずの　かんじ

到達目標

》知識・技能

○助数詞の使い方を理解し，文や文章の中で使うことができる。

○言葉には意味による語句のまとまりがあることに気づき，語彙を豊かにすることができる。

○語のまとまりや言葉の響きなどに気をつけて音読することができる。

》主体的に学習に取り組む態度　※「主体的に学習に取り組む態度」は方向目標を示しています。

○漢数字に関心をもち，漢数字を正しく使おうとする。

評価規準

》知識・技能

○漢数字を正しく読み書きし，身近なものの数え方と合わせて，文の中で正しく使っている。

○いろいろなものの数え方を知り，語彙を増やしている。

○一から十までの漢字を，そのまま，または助数詞を付けて声に出して読んでいる。

●対応する学習指導要領の項目：(1) エ，オ，ク

》主体的に学習に取り組む態度

○漢数字に関心をもち，漢数字を正しく使おうとしている。

学習活動

小単元名	時数	学習活動	学習の過程
かずの　かんじ	2	○一から十までの数を表す漢字を読む。 ・読み方が2つ以上ある漢数字の読み方や使い方に気をつける。 ・助数詞に気をつけて，いろいろなものの数え方を理解して，数える。 ○一から十までの数を表す漢字を書く。	

| 1年 | 学図 | 教科書【上】：p.84〜87　配当時数：4時間　配当月：7月 |

えにっきを　かこう

主領域　B書くこと

関連する道徳の内容項目　C伝統と文化の尊重，国や郷土を愛する態度　D自然愛護

到達目標

≫知識・技能

○長音，拗音，促音，撥音などの表記，助詞「は」「を」「へ」の使い方，句読点の打ち方，かぎ（「　」）の使い方を理解し，文や文章の中で使うことができる。

≫思考・判断・表現

○経験したことから書くことを見つけ，必要な事柄を集めたり確かめたりして，伝えたいことを明確にすることができる。
○語と語や文と文との続き方に注意しながら，内容のまとまりがわかるように書き表し方を工夫することができる。
○文章に対する感想を伝え合い，自分の文章の内容や表現のよいところを見つけることができる。
○日記を書くなど，思ったことや伝えたいことを書く活動ができる。

≫主体的に学習に取り組む態度　※「主体的に学習に取り組む態度」は方向目標を示しています。

○絵日記を書くことに関心をもち，したことをよく思い出して，友達に伝えたいことを絵日記に書こうとする。

評価規準

≫知識・技能

○日本語の表記の仕方を理解し，絵日記の中で正しく使っている。

● 対応する学習指導要領の項目：(1) ウ

≫思考・判断・表現

○したことや出来事を思い出して，絵日記に書くことを決めている。
○助詞や句読点を正しく使いながら，絵と対応させた文章を書いている。
○友達の絵日記を読んで感想を伝え合い，自分の文章のよいところを見つけている。
○したことを絵日記に書く活動をしている。

● 対応する学習指導要領の項目：B (1) ア，ウ，オ　(2) イ

≫主体的に学習に取り組む態度

○絵日記を書くことに関心をもち，したことをよく思い出して，友達に伝えたいことを絵日記に書いている。

学習活動

小単元名	時数	学習活動	学習の過程
えにっきを　かこう①	1	○86・87ページの絵日記の例を読んで，どんなことをどのように書いているかを確かめる。	題材の設定

| えにっきを　かこう② | 3 | ○したことを思い出して，絵日記を書く。 | 情報の収集　記述 |
| | | ○書いた絵日記を貼り出してみんなで読み合い，感想を伝え合う。 | 共有 |

| 1年 | 学図 |

教科書【上】：p.88～91　配当時数：2時間　配当月：9月

しを　あじわおう

いるか／おさるが　ふねを　かきました

| 主領域 | C読むこと |

| 関連する道徳の内容項目 | D自然愛護 |

到達目標

≫知識・技能

○言葉には，事物の内容を表す働きや，経験したことを伝える働きがあることに気づくことができる。

○語のまとまりや言葉の響きに気をつけて音読することができる。

≫思考・判断・表現

○場面の様子に着目して，登場人物の行動を具体的に想像ができる。

○文章を読んで感じたことやわかったことを共有することができる。

≫主体的に学習に取り組む態度　※「主体的に学習に取り組む態度」は方向目標を示しています。

○描かれている情景を想像しながら音読し，詩を味わおうとする。

評価規準

≫知識・技能

○2つの詩を読んで，事物の内容を表す言葉を見つけている。

○詩に表れたものの見方や，言葉の響きリズムのおもしろさを楽しみ，声に出して読んでいる。

●対応する学習指導要領の項目：(1) ア，ク

≫思考・判断・表現

○「いるか」「おさるが　ふねを　かきました」を読んで，場面の情景や人物の行動を具体的に想像している。

○2つの詩を読んで感じたことを友達と交流し，共有している。

●対応する学習指導要領の項目：C (1) エ，カ

≫主体的に学習に取り組む態度

○好きな詩を選び，描かれている情景が表れるように工夫して音読し，詩を味わっている。

学習活動

小単元名	時数	学習活動	学習の過程
いるか／おさるが　ふねを　かきました	2	○言葉のおもしろさやリズムを味わいながら音読する。 ・「いるか」の詩を音読する。 ・「おさるが　ふねを　かきました」の詩を音読する。	精査・解釈
		○好きなほうの詩を選び，描かれている情景が表れるように，工夫して音読する。	考えの形成　共有

| 1年 | 学図 |

教科書【上】：p.92〜95　配当時数：6時間　配当月：9月

1　みんなの　まえで　はなそう

はなしたいな，なつやすみの　こと

主領域　A話すこと・聞くこと

到達目標

≫知識・技能

○言葉には，経験したことを伝える働きがあることに気づくことができる。

○姿勢や口形，発声や発音に注意して話すことができる。

○身近なことを表す語句の量を増やし，話や文章の中で使うことができる。

≫思考・判断・表現

○経験したことから話題を決め，伝え合うために必要な事柄を選ぶことができる。

○相手に伝わるように，行動したことや経験したことに基づいて，話す事柄の順序を考えることができる。

○伝えたい事柄や相手に応じて，声の大きさや速さなどを工夫することができる。

○報告など伝えたいことを話したり，それらを聞いて声に出して確かめたり感想を述べたりする活動ができる。

≫主体的に学習に取り組む態度　※「主体的に学習に取り組む態度」は方向目標を示しています。

○夏休みの出来事から伝えたいことを選んで話そうとする。

評価規準

≫知識・技能

○夏休みのできごとを表す言葉を選んでいる。

○姿勢や口形，発声や発音に注意してみんなの前で話している。

○身近なことを表す語句を集め，話や文章の中で使っている。

● 対応する学習指導要領の項目：(1) ア，イ，オ

≫思考・判断・表現

○夏休みにしたことや楽しかったことを思い出している。

○思い出したことから伝えたいことを選びカードに書いて，話す順序を考えている。

○みんなの前で話すときの声の大きさや，聞き取りやすい速さなどを工夫して話している。

○夏休みの思い出からいちばん伝えたいことを選んで話したり，友達の話を聞いて感想を述べたりする活動をしている。

● 対応する学習指導要領の項目：A (1) ア，イ，ウ　(2) ア

≫主体的に学習に取り組む態度

○夏休みの出来事から伝えたいことを選んで話そうとしている。

学習活動

小単元名	時数	学習活動	学習の過程
はなしたいな，なつやすみの　こと①	1	○夏休みにしたことや楽しかったことを思い出す。	題材の設定 情報の収集
はなしたいな，なつやすみの　こと②	3	○思い出したことから伝えたいことを選び，カードに書く。 ・94ページを参考に，カードに書いて整理する。	内容の検討
はなしたいな，なつやすみの　こと③	2	○夏休みの思い出をみんなの前で話す。 ・話す人はみんなに聞こえるようにはっきりと話す。聞く人は感想を考えながら聞く。	表現　共有

| 1年 | 学図 | 教科書【上】：p.96〜101　配当時数：6時間　配当月：9月 |

2　みつけて　よもう

はまべで　ひろったよ

主領域　C読むこと

到達目標

≫知識・技能
○言葉には，事物の内容を表す働きがあることに気づくことができる。
○言葉には意味による語句のまとまりがあることに気づき，語彙を豊かにすることができる。
○文の中における主語と述語との関係に気づくことができる。
○共通，相違，事柄の順序など情報と情報との関係について理解することができる。
○新しく習う漢字を正しく読んだり書いたりすることができる。

≫思考・判断・表現
○事柄の順序を考えながら内容の大体を捉えることができる。
○文章の中の重要な語や文を考えて選び出すことができる。

≫主体的に学習に取り組む態度　　※「主体的に学習に取り組む態度」は方向目標を示しています。
○問いの文と答えの文という文章の構造に気をつけて，書いてあることを正しく読もうとする。

評価規準

≫知識・技能
○「はまべで　ひろったよ」を読み，事物の内容を表す言葉を見つけている。
○文章の中から仲間の言葉を探してまとめている。
○主語と述語との関係に気づき，何がどうなっているかを捉えている。
○筆者が，浜辺で何をどんな順で見つけたか，写真と文を関係付けながら読んでいる。
○新しく習う漢字を正しく読んだり書いたりしている。

●対応する学習指導要領の項目：(1) ア，エ，オ，カ　　(2) ア

≫思考・判断・表現
○語や文のまとまりに注意して，写真と結び付けて文章を読み，内容の大体を読んでいる。
○「はまべで　ひろったよ」を読んで，問いの文と答えの語句を見つけて書き出している。

●対応する学習指導要領の項目：C (1) ア，ウ

≫主体的に学習に取り組む態度
○問いの文と答えの文という文章の構造に気をつけて，筆者が浜辺で何を見つけたのかを正しく読もうとしている。

学習活動

小単元名	時数	学習活動	学習の過程
はまべで　ひろったよ①	1	○全文を読み，内容の大体をつかむ。 ・初めの問いに対して，写真を添えて答えを書いている文章の構造に気づき，それに沿って読む。	構造と内容の把握
はまべで　ひろったよ②	4	○問い (1) の答えを見つける。 ・海藻について読む。 ・貝殻について読む。 ・木の実について読む。 ・問い (1) について，浜辺で拾ったものを仲間ごとに表にまとめる。 ○問い (2) について，浜辺にたどり着いた経緯をまとめる。	精査・解釈
はまべで　ひろったよ③	1	○「はまべで　ひろったよ」を読んでわかったことや，おもしろいな，不思議だな，などと思ったことを話し合う。	考えの形成　共有

| 1年 | 学図 |

教科書【上】：p.102〜103　配当時数：2時間　配当月：9月

ことば
かたかなを　みつけよう

到達目標

》知識・技能
○片仮名を読んだり書いたりすることができる。

》主体的に学習に取り組む態度　※「主体的に学習に取り組む態度」は方向目標を示しています。
○教科書の絵から片仮名で書く言葉を見つけて，片仮名で書こうとする。

評価規準

》知識・技能
○教科書の絵の中から片仮名で書く言葉を見つけて，片仮名で書いている。

●対応する学習指導要領の項目：(1) ウ

》主体的に学習に取り組む態度
○教科書の絵から片仮名で書く言葉を見つけて，片仮名で書こうとしている。

学習活動

小単元名	時数	学習活動	学習の過程
かたかなを　みつけよう	2	○教科書の片仮名の言葉をノートに書く。 ○教科書の絵から片仮名で書く言葉を見つけて，片仮名で正しく書く。 ○身の回りにも片仮名で書く言葉があるか考える。	

| 1年 | 学図 | 教科書【上】：p.104〜109　配当時数：10時間　配当月：9月 |

3　かんさつした　ことを　かこう

がっこうで　みつけたよ

主領域　B書くこと

到達目標

≫知識・技能
○言葉には，事物の内容を表す働きや，経験したことを伝える働きがあることに気づくことができる。
○身近なことを表す語句の量を増やし，文章の中で使うとともに，語彙を豊かにすることができる。

≫思考・判断・表現
○観察したことから書くことを見つけ，必要な事柄を集めたり確かめたりして，伝えたいことを明確にすることができる。
○語と語や文と文との続き方に注意しながら，内容のまとまりがわかるように書き表し方を工夫することができる。
○文章を読み返す習慣を付けるとともに，間違いを正したり，語と語や文と文との続き方を確かめたりすることができる。
○観察したことを記録するなど，見聞きしたことを書く活動ができる。

≫主体的に学習に取り組む態度　　※「主体的に学習に取り組む態度」は方向目標を示しています。
○見つけたものを絵と文章で書こうとする。
○書いた文章を読み返してわかりやすく直したり，読み合って感想を伝え合ったりしようとする。

評価規準

≫知識・技能
○観察した事柄を表す言葉を選んで使っている。
○身の回りで見つけたものなどを表す言葉を文章の中で使い，語彙を広げている。
　　　　　　　　　　　　　　　　　　　　　　　　　　　　　　●対応する学習指導要領の項目：(1) ア，オ

≫思考・判断・表現
○学校で生き物や植物などを観察し，見つけたことをノートに書いたりカードにまとめたりしている。
○カードを見ながら，見つけたものの様子がよくわかるように工夫して書いている。
○書いた文章を読み返し，間違いを直したりわかりやすい文章になっているかを確かめたりしている。
○学校で見つけたものを観察して文章に書く活動をしている。
　　　　　　　　　　　　　　　　　　　　　●対応する学習指導要領の項目：B (1) ア，ウ，エ　　(2) ア

≫主体的に学習に取り組む態度
○見つけたものをよく観察して，友達に知らせる文章を書こうとしている。
○書いた文章を読み返してわかりやすく直したり，読み合って感想を伝え合ったりしている。

学習活動

小単元名	時数	学習活動	学習の過程
がっこうで　みつけたよ①	1	○104ページ下段を読み，学習のめあてと進め方を確かめる。	見通し
がっこうで　みつけたよ②	8	○学校の生き物や植物などを観察し，見つけたことをノートに書く。	情報の収集
		○ノートに書いたものの中から書くことを決めて，詳しくカードに書く。 ・そのものの絵と，見つけた場所や大きさ，形など，様子がわかることをカードに整理する。	内容の検討
		○カードを見ながら，友達にわかるように文章を書く。	記述
		○書いた文章を読み返して，間違っている文字などを書き直す。	推考
がっこうで　みつけたよ③	1	○書いた文章をみんなで読み合い，わかったことやよいところなどを伝え合う。	共有

1年	学図

教科書【上】：p.110〜111　配当時数：3時間　配当月：9月

ことばを　ききとろう

「ぬりえゲーム」を　しよう

主領域　A話すこと・聞くこと

到達目標

≫知識・技能
○言葉には，事物の内容を表す働きがあることに気づくことができる。

≫思考・判断・表現
○話し手が知らせたいことや自分が聞きたいことを落とさないように集中して聞き，話の内容を捉えることができる。

≫主体的に学習に取り組む態度　※「主体的に学習に取り組む態度」は方向目標を示しています。
○教師の出すヒントをよく聞き，「ぬりえゲーム」をしようとする。

評価規準

≫知識・技能
○教師の出すヒントが，事物の内容を表すことに気づいている。

● 対応する学習指導要領の項目：(1) ア

≫思考・判断・表現
○教師のヒントを落とさないように集中して聞き，話の内容を捉えて「ぬりえゲーム」をしている。

● 対応する学習指導要領の項目：A (1) エ

≫主体的に学習に取り組む態度
○教師の出すヒントをよく聞き，「ぬりえゲーム」をしている。

学習活動

小単元名	時数	学習活動	学習の過程
「ぬりえゲーム」を しよう	3	○教科書の「ゲームの　やりかた」を読み，「ぬりえゲーム」のやり 　方を理解する。	見通し
		○教師が話し手になり「ぬりえゲーム」を行う。 ○二人組になって「ぬりえゲーム」を行う。	共有

67

| 1年 | 学図 | 教科書【上】：p.112〜113　配当時数：2時間　配当月：10月 |

ことばの　いずみ　1

かんじの　できかた

到達目標

≫知識・技能

○漢字の成り立ちを知り，意味を考えて漢字を正しく使うことができる。

○新しく習う漢字を正しく読んだり書いたりすることができる。

≫主体的に学習に取り組む態度　※「主体的に学習に取り組む態度」は方向目標を示しています。

○漢字のでき方に関心をもち，漢字のでき方を理解しようとする。

評価規準

≫知識・技能

○漢字の成り立ちを知り，意味を考えて漢字を正しく使っている。

○新しく習う漢字を正しく読んだり書いたりしている。

● 対応する学習指導要領の項目：(1) エ

≫主体的に学習に取り組む態度

○漢字のでき方に関心をもち，漢字のでき方を理解しようとしている。

●

学習活動

小単元名	時数	学習活動	学習の過程
かんじの　できかた	2	○物の形や印からできた漢字の成り立ちを知る。 ・「山」「人」「木」「口」「日」「月」の成り立ちを確かめる。 ・「上」「中」「下」の成り立ちを確かめる。	

68

| 1年 | 学図 |

教科書【上】：p.114〜123　配当時数：8時間　配当月：10月

1年

むかしばなしを　よもう
さるじぞう／おはなしが　いっぱい

主領域　C読むこと

関連する道徳の内容項目　C伝統と文化の尊重，国や郷土を愛する態度

到達目標

》知識・技能
○語のまとまりや言葉の響きなどに気をつけて音読することができる。

○昔話の読み聞かせを聞くなどして，我が国の伝統的な言語文化に親しむことができる。

○読書に親しみ，いろいろな本があることを知ることができる。

○新しく習う漢字を正しく読んだり書いたりすることができる。

》思考・判断・表現
○場面の様子や登場人物の行動など，内容の大体を捉えることができる。

○読み聞かせを聞いたり物語を読んだりして，内容や感想などを伝え合うなどの活動ができる。

》主体的に学習に取り組む態度　※「主体的に学習に取り組む態度」は方向目標を示しています。
○教師の読み聞かせを聞いて昔話に興味をもち，いろいろな昔話を読もうとする。

評価規準

》知識・技能
○昔話の独特の語り口を楽しみながら音読している。

○教師の読み聞かせを聞いて，日本の昔話に親しんでいる。

○読書に親しみ，いろいろな本に触れている。

○新しく習う漢字を正しく読んだり書いたりしている。

　　　　　　　　　　　　　　　　　　　　● 対応する学習指導要領の項目：(1) エ，ク　　(3) ア，エ

》思考・判断・表現
○「さるじぞう」の読み聞かせを聞いて，場面の様子やじさまの行動など内容の大体を捉えている。

○教師の読み聞かせを聞いたり自分で本を読んだりして，内容を紹介したり感想を伝え合ったりしている。

　　　　　　　　　　　　　　　　　　　　● 対応する学習指導要領の項目：C (1) イ　　(2) イ

》主体的に学習に取り組む態度
○教師の読み聞かせを聞いて昔話に興味をもち，日本や外国のいろいろな昔話を読もうとしている。

69

学習活動

小単元名	時数	学習活動	学習の過程
さるじぞう／おはなしが いっぱい①	1	○教師の読み聞かせを聞いて，あらすじをつかむ。	構造と内容の把握
さるじぞう／おはなしが いっぱい②	4	○場面ごとに場面の様子を想像しながら読む。	精査・解釈
さるじぞう／おはなしが いっぱい③	1	○好きな場面を選んで友達に読み聞かせをしたり，友達の読み聞かせを聞いたりする。	考えの形成
さるじぞう／おはなしが いっぱい④	1	○122・123 ページの絵を見ながら知っているお話について伝え合う。	構造と内容の把握
さるじぞう／おはなしが いっぱい⑤	1	○好きな本や読みたい本を探して読む。	

70

| 1年 | 学図 | 教科書【下】：p.0〜1　配当時数：1 時間　配当月：10 月 |

うみは　ごきげん

主領域　C読むこと

関連する道徳の内容項目　D自然愛護／感動，畏敬の念

到達目標

》知識・技能
○言葉には，事物の内容を表す働きや，経験したことを伝える働きがあることに気づくことができる。
○語のまとまりや言葉の響きなどに気をつけて音読することができる。

》思考・判断・表現
○詩の情景を想像しながら人物の行動を具体的に想像することができる。

》主体的に学習に取り組む態度　　※「主体的に学習に取り組む態度」は方向目標を示しています。
○詩に描かれている様子を思いうかべながら音読しようとする。

評価規準

》知識・技能
○言葉には，事物の内容を表す働きや，経験したことを伝える働きがあることに気づいている。
○語のまとまりや言葉の響きなどに気をつけて音読している。
●対応する学習指導要領の項目：(1) ア，ク

》思考・判断・表現
○「うみは　ごきげん」を読んで，詩の情景やイルカの様子などを想像している。
●対応する学習指導要領の項目：C (1) エ

》主体的に学習に取り組む態度
○詩に描かれている様子を思いうかべながら音読しようとしている。

学習活動

小単元名	時数	学習活動	学習の過程
うみは　ごきげん	1	○海やイルカの様子を思いうかべながら音読する。	精査・解釈

| 1年 | 学図 | 教科書【下】：p.6〜11　配当時数：6時間　配当月：10月 |

1　くらべて　よもう

くらしを　まもる　車

主領域　C読むこと

到達目標

≫知識・技能
○言葉には，事物の内容を表す働きがあることに気づくことができる。
○文の中における主語と述語との関係に気づくことができる。
○語のまとまりや言葉の響きなどに気をつけて音読することができる。
○共通，相違，事柄の順序など情報と情報との関係について理解することができる。
○新しく習う漢字を正しく読んだり書いたりすることができる。

≫思考・判断・表現
○事柄の順序を考えながら内容の大体を捉えることができる。
○文章の中の重要な語や文を考えて選び出すことができる。
○文章の内容と自分の体験とを結び付けて，感想をもつことができる。
○事物の仕組みを説明した文章を読み，わかったことや考えたことを述べる活動ができる。

≫主体的に学習に取り組む態度　※「主体的に学習に取り組む態度」は方向目標を示しています。
○自動車の働きとつくりに関心をもち，内容の大体を読み取ろうとする。

評価規準

≫知識・技能
○「くらしを　まもる　車」を読んで，事物の内容を表す言葉を見つけている。
○主語と述語との関係に気づき，文章の内容を理解している。
○語のまとまりに気をつけて音読している。
○車の特徴を押さえ，それぞれの車の同じところ，違うところを理解している。
○新しく習う漢字を正しく読んだり書いたりしている。
　　　　　　　　　　　　　　　　　　　　　●対応する学習指導要領の項目：(1) ア，エ，カ，ク　(2) ア

≫思考・判断・表現
○「くらしを　まもる　車」を読んで，それぞれの車の特徴について，内容の大体を捉えている。
○それぞれの車について，働きとつくりを表す語句を書き出している。
○救急車，消防自動車，ごみ収集車について，自分が知っていることや見たことなどと結び付けて感想をもっている。
○暮らしを守る車がなかったらどうなるか考えて話し合っている。
　　　　　　　　　　　　　　　　　　　　●対応する学習指導要領の項目：C (1) ア，ウ，オ　(2) ア

≫主体的に学習に取り組む態度
○自動車の働きとつくりに関心をもち，内容の大体を読み取ろうとしている。

学習活動

小単元名	時数	学習活動	学習の過程
くらしを　まもる　車①	1	○全文を読み，いろいろな自動車について書いてある文章だと気づく。	構造と内容の把握
くらしを　まもる　車②	3	○問いと答えの関係に注意して，まとまりごとに詳しく読む。 ・救急車の働きとつくりの特徴 ・消防自動車の働きとつくりの特徴 ・ごみ収集車の働きとつくりの特徴	精査・解釈
くらしを　まもる　車③	1	○それぞれの車の同じところと違うところを見つけて話し合う。 ・それぞれの車を説明するために使っている同じ言葉を見つけて話し合う。	考えの形成　共有
くらしを　まもる　車④	1	○暮らしを守る車がなかったらどうなるか話し合う。	考えの形成　共有

| 1年 | 学図 |

教科書【下】：p.12〜15　配当時数：8時間　配当月：10月

しらべて　かこう

のりものしらべを　しよう

主領域　B書くこと

到達目標

》知識・技能
○言葉には，事物の内容を表す働きがあることに気づくことができる。

○平仮名の表記のきまりや句読点の打ち方を理解し文や文章の中で使うとともに，片仮名で書く言葉を理解し文や文章の中で使うことができる。

○共通，相違，事柄の順序など情報と情報との関係について理解することができる。

○読書に親しみ，いろいろな本があることを知ることができる。

○新しく習う漢字を正しく読んだり書いたりすることができる。

》思考・判断・表現
○乗り物について説明するために必要な事柄を集めたり確かめたりして，伝えたいことを明確にすることができる。

○自分の考えが明確になるように，事柄の順序に沿って簡単な構成を考えることができる。

○語と語や文と文との続き方に注意しながら，内容のまとまりがわかるように書き表し方を工夫することができる。

○文章に対する感想を伝え合い，自分の文章の内容や表現のよいところを見つけることができる。

》主体的に学習に取り組む態度　※「主体的に学習に取り組む態度」は方向目標を示しています。
○乗り物の働きとつくりに関心をもち，図鑑で調べるなどして紹介する文章を書こうとする。

評価規準

》知識・技能
○乗り物の働きやつくりを説明するために，事物の内容を表す言葉を選んで使っている。

○日本語の表記のきまりや，片仮名で書くべき言葉は片仮名で書くことを理解している。

○共通，相違，事柄の順序など情報と情報との関係について理解している。

○読書に親しみ，いろいろな本に触れている。

○新しく習う漢字を正しく読んだり書いたりしている。

　　　　　　　　　　　　　　　　　　　　● 対応する学習指導要領の項目：(1) ア，ウ，エ　　(2) ア　　(3) エ

》思考・判断・表現
○説明したい乗り物について，図鑑などで働きやつくりを調べている。

○乗り物の働き→つくりの順に紹介できるように文章の構成を考えている。

○乗り物の働きとつくりのまとまりで段落を分けるなど工夫して書いている。

○書いた文章を読み合い，感想を伝え合っている。

　　　　　　　　　　　　　　　　　　　　● 対応する学習指導要領の項目：B (1) ア，イ，ウ，オ

》主体的に学習に取り組む態度
○乗り物の働きとつくりに関心をもち，図鑑で調べるなどして紹介する文章を書こうとしている。

学習活動

小単元名	時数	学習活動	学習の過程
のりものしらべを　しよう①	1	○知っている乗り物を出し合い，調べて紹介する乗り物を決める。	題材の設定
のりものしらべを　しよう②	2	○図鑑や事典を使って乗り物の「はたらき」と「つくり」を調べる。	情報の収集
のりものしらべを　しよう③	1	○調べたことを表にまとめる。	構成の検討
のりものしらべを　しよう④	3	○表をもとに乗り物の「はたらき」と「つくり」を紹介する文章を書く。 ・「はたらき」→「つくり」の順に，段落を分けて書く。 ・乗り物の絵もかくとよい。	記述
のりものしらべを　しよう⑤	1	○書いた文章を読み合い，感想を伝え合う。	共有

| 1年 | 学図 | 教科書【下】：p.16〜17　配当時数：2時間　配当月：11月 |

しらべよう　まとめよう

ずかんを　つかって　しらべよう

| 主領域 | C読むこと | 領域 | B書くこと |

到達目標

>> 知識・技能

○読書に親しみ，いろいろな本があることを知ることができる。

>> 思考・判断・表現

○文章の中の重要な語や文を考えて選び出すことができる。
○学校図書館などを利用し，図鑑や科学的なことについて書いた本を読み，わかったことなどを説明する活動ができる。
○知りたいことについて必要な事柄を集めたり確かめたりして，伝えたいことを明確にすることができる。

>> 主体的に学習に取り組む態度　※「主体的に学習に取り組む態度」は方向目標を示しています。

○知りたい事柄について図鑑を使って調べようとする。

評価規準

>> 知識・技能

○読書に親しみ，いろいろな本に触れている。

● 対応する学習指導要領の項目：（3）エ

>> 思考・判断・表現

○図鑑の中から重要な語や文を選び出している。
○図鑑などを読んで，わかったことを説明する活動をしている。

● 対応する学習指導要領の項目：C（1）ウ　（2）ウ

○図鑑の目次や索引から必要な事柄を集めたり確かめたりしている。

● 対応する学習指導要領の項目：B（1）ア

>> 主体的に学習に取り組む態度

○知りたい事柄について図鑑を使って調べている。

学習活動

小単元名	時数	学習活動	学習の過程
ずかんを　つかって　しらべよう	2	○図鑑の目次の使い方を知り，「オニヤンマ」「コオロギ」について　まとめる。 ○索引の使い方を知り，「アサガオ」「アジサイ」についてまとめる。 ○自分が知りたいことについて，図鑑を使って調べる。	精査・解釈 情報の収集

| 1年 | 学図 |

教科書【下】：p.18〜19　配当時数：2時間　配当月：11月

1年

ことばの　きまり　1

文の　かたち

到達目標

≫知識・技能

○文の中における主語と述語との関係に気づくことができる。

○新しく習う漢字を正しく読んだり書いたりすることができる。

≫主体的に学習に取り組む態度　※「主体的に学習に取り組む態度」は方向目標を示しています。

○文に主語，述語があることを理解し，それぞれの型に即した文を考えたり作ったりしようとする。

評価規準

≫知識・技能

○主語と述語の基本文型を知り，主述の整った文を書いている。

○新しく習う漢字を正しく読んだり書いたりしている。

● 対応する学習指導要領の項目：(1) エ，カ

≫主体的に学習に取り組む態度

○文に主語，述語があることを理解し，それぞれの型に即した文を考えたり作ったりしようとしている。

学習活動

小単元名	時数	学習活動	学習の過程
文の　かたち	2	○「なにが　どう　する。」「なには　どんなだ。」の型の文があることを知る。 ○18ページの絵を見て，「なにが　どう　する。」「なには　どんなだ。」の文を作る。 ○19ページの設問に取り組む。	

77

| 1年 | 学図 | 教科書【 下 】：p.20〜23　配当時数：3時間　配当月：11月 |

ことばの　いずみ　1

かたかな

到達目標

≫知識・技能

○片仮名で書く言葉の種類を知り，文や文章の中で使うことができる。

○新しく習う漢字を正しく読んだり書いたりすることができる。

≫主体的に学習に取り組む態度　※「主体的に学習に取り組む態度」は方向目標を示しています。

○片仮名で書く言葉を理解し，正しく読んだり書いたりしようとする。

評価規準

≫知識・技能

○片仮名で書く言葉の種類を知り，正しく読み書きしている。

○新しく習う漢字を正しく読んだり書いたりしている。

● 対応する学習指導要領の項目：(1) ウ，エ

≫主体的に学習に取り組む態度

○片仮名で書く言葉を理解し，正しく読んだり書いたりしている。

学習活動

小単元名	時数	学習活動	学習の過程
かたかな	3	○教科書の例文を読み，片仮名で書く言葉を理解する。 ○「かたかなの　ひょう」で，片仮名の書き方を理解する。 ○似ている片仮名に注意して，字形の違いを確かめる。 ○身の回りの，片仮名で書く言葉を集める。	

| 1年 | 学図 | | 教科書【下】：p.24〜27　配当時数：6時間　配当月：11月 |

2　みんなで　はなしあおう

クイズ大会を　しよう

主領域　A話すこと・聞くこと

到達目標

≫知識・技能

○言葉には，事物の内容を表す働きや，経験したことを伝える働きがあることに気づくことができる。

○新しく習う漢字を正しく読んだり書いたりすることができる。

≫思考・判断・表現

○互いの話に関心をもち，相手の発言を受けて話をつなぐことができる。

○尋ねたり応答したりするなどして，少人数で話し合う活動ができる。

≫主体的に学習に取り組む態度　　※「主体的に学習に取り組む態度」は方向目標を示しています。

○クイズを作って友達と交流する活動をする中で，友達の言ったことを確かめたり，質問したりしようとする。

評価規準

≫知識・技能

○「こたえ」のものを表すような言葉を選んでヒントを出している。

○新しく習う漢字を正しく読んだり書いたりしている。

　　　　　　　　　　　　　　　　　　　　　　　　　　　● 対応する学習指導要領の項目：(1) ア，エ

≫思考・判断・表現

○3つのヒントを作るための話し合いで，友達の発言を受けて話をつないでいる。

○友達の発言に対して質問したり応答したりしながらグループで話し合っている。

　　　　　　　　　　　　　　　　　　　　　　　● 対応する学習指導要領の項目：A (1) オ　 (2) イ

≫主体的に学習に取り組む態度

○クイズを作って友達と交流する活動をする中で，友達の言ったことを確かめたり，質問したりしている。

学習活動

小単元名	時数	学習活動	学習の過程
クイズ大会を　しよう①	1	○教師が出す3つのヒントを聞いて答えるクイズを行い，学習の見通しをもつ。	見通し
クイズ大会を　しよう②	3	○グループでクイズをつくるために話し合う。 ・26・27ページの話し合いの脚注を参考にする。	話し合いの進め方の検討
クイズ大会を　しよう③	2	○クイズ大会を行い，問題を出したり，確認や質問をしながら答えを言ったりする。	表現　共有

| 1年 | 学図 | 教科書【下】：p.28〜39　配当時数：9時間　配当月：11月 |

3　ようすを　おもいうかべて　よもう

はじめは「や！」

| 主領域 | C読むこと |

| 関連する道徳の内容項目 | B礼儀／友情，信頼 |

到達目標

≫知識・技能

○言葉には，事物の内容を表す働きや，経験したことを伝える働きがあることに気づくことができる。

○文の中における主語と述語との関係に気づくことができる。

○語のまとまりや言葉の響きなどに気をつけて音読することができる。

○新しく習う漢字を正しく読んだり書いたりすることができる。

≫思考・判断・表現

○場面の様子や登場人物の行動など，内容の大体を捉えることができる。

○場面の様子に着目して，登場人物の行動を具体的に想像することができる。

○文章の内容と自分の体験とを結び付けて，感想をもつことができる。

○文章を読んで感じたことやわかったことを共有することができる。

○物語を読んで，内容や感想などを伝え合ったり演じたりする活動ができる。

≫主体的に学習に取り組む態度　※「主体的に学習に取り組む態度」は方向目標を示しています。

○出来事の順に沿って人物のしたことを読み，人物が変わっていく様子を読み取ろうとする。

評価規準

≫知識・技能

○「はじめは『や！』」を読んで，事物の内容を表す言葉や，経験したことを伝える言葉を見つけている。

○主語と述語との関係に気づき，文章の内容を理解している。

○語のまとまりや会話文などに気をつけて音読している。

○新しく習う漢字を正しく読んだり書いたりしている。

● 対応する学習指導要領の項目：(1) ア，エ，カ，ク

≫思考・判断・表現

○「はじめは『や！』」を読んで，くまさんときつねさんの様子や行動など，内容の大体を捉えている。

○場面ごとに，くまさんやきつねさんの行動を具体的に想像している。

○くまさんがきつねさんと友達になるまでの様子について，自分の体験と結び付けて読み，感想をもっている。

○「はじめは『や！』」を読んで感じたことやわかったことを友達と交流し，共有している。

○物語を読んで，内容や感想を伝え合う活動をしている。

● 対応する学習指導要領の項目：C (1) イ，エ，オ，カ　　(2) イ

≫主体的に学習に取り組む態度

○出来事の順に沿って人物のしたことを読み，くまさんときつねさんが友達になっていく様子を読み取ろうとしている。

学習活動

小単元名	時数	学習活動	学習の過程
はじめは「や！」①	1	○38ページ「がくしゅうの　てびき」を読み，学習のめあてを確かめる。	見通し
		○全文を読み，あらすじを確かめる。	構造と内容の把握
はじめは「や！」②	6	○場面ごとに，二人のしたことや様子を捉える。 ・手紙を出しに行くくまさんが，きつねさんに出会った場面 ・くまさんが，町でさっきのきつねさんに会った場面 ・横断歩道で会った二人が，気づかずに通り過ぎる場面 ・二人が公園のベンチで休んだときの場面 ・次の日，また公園で会った二人が仲良しになった場面	精査・解釈
はじめは「や！」③	2	○くまさんがきつねさんと友達になるまでの様子について，順に整理する。 ・二人が変わったのはいつからか，考える。 ○くまさん，きつねさんそれぞれの様子を思いうかべながら音読する。 ・会話や心の中で思ったことに気をつけて読む。	考えの形成

| 1年 | 学図 |

教科書【 下 】：p.40〜41　配当時数：2時間　配当月：11月

ことばの　いずみ　2

日づけと　よう日

到達目標

≫知識・技能

○日付と曜日の漢字を理解し，正しく読み書きすることができる。

○新しく習う漢字を正しく読んだり書いたりすることができる。

≫主体的に学習に取り組む態度　　※「主体的に学習に取り組む態度」は方向目標を示しています。

○日付と曜日の読み方を理解し，正しく読んだり書いたりしようとする。

評価規準

≫知識・技能

○日付と曜日の漢字を理解し，正しく読み書きしている。

○新しく習う漢字を正しく読んだり書いたりしている。

● 対応する学習指導要領の項目：(1) エ，オ

≫主体的に学習に取り組む態度

○日付と曜日の読み方を理解し，正しく読んだり書いたりしている。

学習活動

小単元名	時数	学習活動	学習の過程
日づけと　よう日	2	○日付の読み方を理解する。 ○曜日の読み方を理解する。	

| 1年 | 学図 | | 教科書【下】：p.42〜43　配当時数：7時間　配当月：11〜12月 |

ゆたかに　ひょうげんしよう
見て，きいて，さわって

主領域　B書くこと

到達目標

≫知識・技能

○言葉には，事物の内容を表す働きや，経験したことを伝える働きがあることに気づくことができる。

○身近なことを表す語句の量を増やし，語彙を豊かにすることができる。

≫思考・判断・表現

○経験したことから書くことを見つけ，必要な事柄を集めたり確かめたりして，伝えたいことを明確にすることができる。

○文章に対する感想を伝え合い，自分の文章の内容や表現のよいところを見つけることができる。

≫主体的に学習に取り組む態度　※「主体的に学習に取り組む態度」は方向目標を示しています。

○観察して感じたことや考えたことを思い出して詩に書き，その感想を友達と話し合おうとする。

評価規準

≫知識・技能

○身の回りのものを観察して，そのことを表す言葉を選んで使っている。

○身近なことを表す語句の量を増やし，語彙を豊かにしている。

● 対応する学習指導要領の項目：(1) ア，オ

≫思考・判断・表現

○身の回りのものを観察して，見たり聞いたり触ったりしたことを詳しく思い出している。

○作った詩を読んで感想を伝え合い，自分の詩のよいところを見つけている。

● 対応する学習指導要領の項目：B (1) ア，オ

≫主体的に学習に取り組む態度

○観察して感じたことや考えたことを思い出して詩に書き，その感想を友達と話し合っている。

学習活動

小単元名	時数	学習活動	学習の過程
見て，きいて，さわって①	1	○「だいこんの　たねを　まいたよ」の詩を読んで，どのようなところに工夫がみられるか確かめる。	題材の設定 情報の収集

83

見て，きいて，さわって②	6	○詩に書きたいことを思い出す。	題材の設定 情報の収集
		○目，鼻，耳，手などで感じたことを表す表現を工夫して詩に書く。	記述　推敲
		○読み合って，感想を話し合う。	共有

| 1年 | 学図 | 教科書【下】：p.44～49　配当時数：5時間　配当月：12月 |

4　じゅんじょを　たしかめながら　よもう

まめ

| 主領域 | C読むこと

| 関連する道徳の内容項目 | D自然愛護

到達目標

≫知識・技能

○言葉には，事物の内容を表す働きがあることに気づくことができる。

○文の中における主語と述語との関係に気づくことができる。

○事柄の順序など情報と情報との関係について理解することができる。

≫思考・判断・表現

○時間的な順序を考えながら，内容の大体を捉えることができる。

○文章の中の重要な語や文を考えて選び出すことができる。

≫主体的に学習に取り組む態度　※「主体的に学習に取り組む態度」は方向目標を示しています。

○豆の育ち方に関心をもち，説明の文章を詳しく読もうとする。

評価規準

≫知識・技能

○「まめ」を読んで，事物の内容を表す言葉に気づいている。

○主語と述語との関係に気づき，文章の内容を理解している。

○豆が育つ順序を写真と対比させながら理解している。

●対応する学習指導要領の項目：(1) ア，カ　(2) ア

≫思考・判断・表現

○時間の順序を確かめながら，写真と文章を対応させて生長の過程を読み取っている。

○豆が育つ様子を，大事な言葉を選び出して捉えている。

●対応する学習指導要領の項目：C (1) ア，ウ

≫主体的に学習に取り組む態度

○豆の育ち方に関心をもち，説明の文章を詳しく読もうとしている。

学習活動

小単元名	時数	学習活動	学習の過程
まめ①	1	○「まめ」全文を読んで，豆のどんなことについて書いてあるかを捉える。	構造と内容の把握

| まめ② | 2 | ○まとまりごとに，文章を写真と結び付け，順序を確かめながら読む。 | 精査・解釈 |
| まめ③ | 2 | ○豆の育ち方の順序を表に整理する。
○順序に沿って読んだことをもとにして，ほかの種について調べて育ち方を説明する。 | 構造と内容の把握 |

| 1年 | 学図 | 教科書【下】：p.50〜51　配当時数：3時間　配当月：12月 |

文しょうの　かきかた・まとめかた

まる（。）・てん（，）・かぎ（「　」）の　つけかた

主領域　B書くこと

到達目標

≫知識・技能
○句読点の打ち方，かぎ（「　」）の使い方を理解して文や文章の中で使うことができる。

≫思考・判断・表現
○文章を読み返す習慣をつけるとともに，語と語や文と文との続き方を確かめることができる。

≫主体的に学習に取り組む態度　※「主体的に学習に取り組む態度」は方向目標を示しています。
○句読点やかぎの役割について理解し，文や文章の中で使おうとする。

評価規準

≫知識・技能
○句読点の打ち方，かぎ（「　」）の使い方を理解して文や文章の中で使っている。
                                        ●対応する学習指導要領の項目：(1) ウ

≫思考・判断・表現
○書いた文章を読み返し，句読点やかぎを適切に使って書き直している。
                                        ●対応する学習指導要領の項目：B (1) エ

≫主体的に学習に取り組む態度
○句読点やかぎの役割について理解し，文や文章の中で使おうとしている。

学習活動

小単元名	時数	学習活動	学習の過程
まる（。）・てん（，）・かぎ（「　」）の　つけかた	3	○句点の役割を理解し，教科書の例文を書き直す。 ○句点と読点の役割を理解し，教科書の例文を書き直す。 ○句点と読点，かぎ（「　」）の役割を理解し，教科書の例文を書き直す。	推敲

87

| 1年 | 学図 | 教科書【下】：p.52〜53　配当時数：2時間　配当月：12月 |

ことばの　きまり　2

よみやすく　する　ために

到達目標

≫知識・技能
○句読点の打ち方を理解し，平仮名，片仮名，漢字を適切に使うことができる。

≫主体的に学習に取り組む態度　※「主体的に学習に取り組む態度」は方向目標を示しています。
○句読点や漢字や片仮名を適切に使って，読みやすい文を書こうする。

評価規準

≫知識・技能
○句読点の打ち方を理解し，平仮名，片仮名，漢字を適切に使っている。

●対応する学習指導要領の項目：(1) ウ

≫主体的に学習に取り組む態度
○句読点がなかったり平仮名だけの文は読みにくいことに気づき，句読点や漢字や片仮名を適切に使って，読みやすい文を書こうする。

学習活動

小単元名	時数	学習活動	学習の過程
よみやすく　する　ために	2	○句読点が付くと，言葉がどこで区切れるかがわかり，読みやすくなることを確かめる。 ○漢字や片仮名を使うと，平仮名だけの文より意味がわかりやすくなることを確かめる。	

| 1年 | 学図 |

教科書【下】：p.54〜55　配当時数：6時間　配当月：12月

きょうを　のこそう
にっきを　かこう

主領域　B書くこと

到達目標

≫知識・技能
○言葉には，事物の内容を表す働きや，経験したことを伝える働きがあることに気づくことができる。
○平仮名の表記のきまりや句読点の打ち方を理解し文や文章の中で使うとともに，片仮名で書く言葉を理解し文や文章の中で使うことができる。
○文の中における主語と述語との関係に気づくことができる。

≫思考・判断・表現
○経験したことから書くことを見つけ，必要な事柄を集めたり確かめたりして，伝えたいことを明確にすることができる。
○文章を読み返す習慣を付けるとともに，間違いを正したり，語と語や文と文との続き方を確かめたりすることができる。
○日記を書くなど，思ったことや伝えたいことを書く活動ができる。

≫主体的に学習に取り組む態度　　※「主体的に学習に取り組む態度」は方向目標を示しています。
○日記の書き方を知り，その日にあったことや心が動いたことなどを日記に書こうとする。

評価規準

≫知識・技能
　○日記を書くために，出来事や思ったことなどを表す言葉を選んでいる。
　○日本語の表記のきまりを理解し，適切に使って文を書いている。
　○主語と述語が整った文を書いている。
　　　　　　　　　　　　　　　　　　　　　　　●対応する学習指導要領の項目：(1) ア，ウ，カ

≫思考・判断・表現
　○したことやあったこと，心が動いたことなどを思い出して，日記を書いている。
　○書いた日記を読み返し，字の間違いや文がうまくつながっていないところなどを直している。
　○したことやあったことなどを日記に書く活動をしている。
　　　　　　　　　　　　　　　　　　　　　　　●対応する学習指導要領の項目：B (1) ア，エ　(2) イ

≫主体的に学習に取り組む態度
　○日記の書き方を知り，その日にあったことや心が動いたことなどを日記に書こうとしている。

学習活動

小単元名	時数	学習活動	学習の過程
にっきを　かこう①	1	○教科書の日記の例を読んで，どんなことをどのように書いているかを確かめる。	題材の設定 情報の収集
にっきを　かこう②	5	○その日にあったこと，したこと，心が動いたことなどを思い出して，日記を書く。	情報の収集 内容の検討　記述
		○書いた日記をみんなで読み合い，読んだ感想を伝え合う。	共有

| 1年 | 学図 | 教科書【下】：p.56〜59　配当時数：3時間　配当月：12月 | 1年 |

どくしょを　ひろげよう

どくしょびじゅつかんを　つくろう／どくしょの へや

主領域　C読むこと

到達目標

》知識・技能
○読書に親しみ，いろいろな本があることに気づくことができる。
○新しく習う漢字を正しく読んだり書いたりすることができる。

》思考・判断・表現
○文章を読んで感じたことやわかったことを共有することができる。
○物語などを読んで内容や感想などを伝え合う活動ができる。

》主体的に学習に取り組む態度　※「主体的に学習に取り組む態度」は方向目標を示しています。
○心に残った本について，好きな場面の絵を描こうとする。

評価規準

》知識・技能
○読書に親しみ，いろいろな本に触れている。
○新しく習う漢字を正しく読んだり書いたりしている。
　　　　　　　　　　　　　　　　　　　● 対応する学習指導要領の項目：(1) エ　(3) エ

》思考・判断・表現
○物語などを読んで感じたことやわかったことを共有している。
○友達が読みたくなるように表現を工夫してカードを書いて，本の内容を伝え合っている。
　　　　　　　　　　　　　　　　　　　● 対応する学習指導要領の項目：C (1) カ　(2) イ

》主体的に学習に取り組む態度
○心に残った本について，好きな場面の絵を描いている。

学習活動

小単元名	時数	学習活動	学習の過程
どくしょびじゅつかんを　つくろう／どくしょの　へや①	2	○心に残っている本の，いちばん好きな場面を絵に描く。	構造と内容の把握
		○題名・作者名・自分の名前などを書いたカードを絵と一緒に掲示し，友達に本を紹介する。	考えの形成　共有

91

| どくしょびじゅつかん を つくろう／どくしょの へや② | 1 | ○58・59ページの本を参考にして読みたい本を探して読む。 | |

| 1年 | 学図 | 教科書【下】：p.60〜61　配当時数：2時間　配当月：1月 |

みんなに　つたえよう

ふゆ休みに　したよ

主領域　A話すこと・聞くこと

到達目標

≫知識・技能
○言葉には，事物の内容を表す働きや，経験したことを伝える働きがあることに気づくことができる。
○姿勢や口形，発声や発音に注意して話すことができる。
○身近なことを表す語句の量を増やし，話や文章の中で使うとともに，語彙を豊かにすることができる。
○丁寧な言葉と普通の言葉との違いに気をつけて使うことができる。
○新しく習う漢字を正しく読んだり書いたりすることができる。

≫思考・判断・表現
○経験したことなどから話題を決め，伝え合うために必要な事柄を選ぶことができる。
○相手に伝わるように，経験したことに基づいて，話す事柄の順序を考えることができる。
○伝えたい事柄や相手に応じて，声の大きさや速さなどを工夫することができる。

≫主体的に学習に取り組む態度　※「主体的に学習に取り組む態度」は方向目標を示しています。
○冬休みの出来事から伝えたいことを選んで話そうとする。

評価規準

≫知識・技能
○冬休みのできごとを表す言葉を選んでいる。
○姿勢や口形，発声や発音に注意してみんなの前で話している。
○身近なことを表す語句を集め，話や文章の中で使っている。
○みんなに話すとき，丁寧な言葉を使っている。
○新しく習う漢字を正しく読んだり書いたりしている。

●対応する学習指導要領の項目：(1) ア，イ，エ，オ，キ

≫思考・判断・表現
○冬休みにしたことや楽しかったことを思い出している。
○思い出したことから伝えたいことを選び，話す順序を考えている。
○みんなの前で話すときの声の大きさや，聞き取りやすい速さなどを工夫して話している。

●対応する学習指導要領の項目：A (1) ア，イ，ウ

≫主体的に学習に取り組む態度
○冬休みの出来事から伝えたいことを選んで話そうとしている。

学習活動

小単元名	時数	学習活動	学習の過程
ふゆ休みに　したよ	2	○冬休みにしたことや楽しかったことを思い出す。	題材の設定 情報の収集
		○思い出したことから話すことを選び，したことの順序を考えて話す。	考えの形成　表現　共有

| 1年 | 学図 | 教科書【下】：p.62〜71　配当時数：7時間　配当月：1月 |

5　つながりを　かんがえて　よもう
めだかの　ぼうけん

| 主領域 | C読むこと |

| 関連する道徳の内容項目 | D自然愛護 |

到達目標

≫知識・技能
○文の中における主語と述語との関係に気づくことができる。
○事柄の順序など情報と情報との関係について理解することができる。
○新しく習う漢字を正しく読んだり書いたりすることができる。

≫思考・判断・表現
○時間的な順序を考えながら，内容の大体を捉えることができる。
○文章を読んで感じたことやわかったことを共有することができる。
○事物の仕組みを説明した文章を読み，わかったことや考えたことを述べる活動ができる。

≫主体的に学習に取り組む態度　※「主体的に学習に取り組む態度」は方向目標を示しています。
○説明文を読み，めだかの生態について知ろうとする。

評価規準

≫知識・技能
○主語と述語との関係に気づき，文章の内容を理解している。
○季節とめだかの様子を結び付けて理解している。
○新しく習う漢字を正しく読んだり書いたりしている。
　　　　　　　　　　　　　　　　　　　　●対応する学習指導要領の項目：(1) エ，カ　(2) ア

≫思考・判断・表現
○季節の移り変わりに注意して，「めだかの　ぼうけん」の内容の大体を捉えている。
○「めだかの　ぼうけん」を読んでわかったことを友達と交流し，共有している。
○めだかはどんなぼうけんをしたのか，川と田んぼとの関係を考えてまとめている。
　　　　　　　　　　　　　　　　　　　　●対応する学習指導要領の項目：C (1) ア，カ　(2) ア

≫主体的に学習に取り組む態度
○説明文を読み，季節が変わるとめだかはどうなるかなど，めだかの生態について知ろうとする。

学習活動

小単元名	時数	学習活動	学習の過程
めだかの　ぼうけん①	1	○全文を読んで説明のあらましをつかむ。	構造と内容の把握

めだかの　ぼうけん②	4	○まとまりごとに，時間の順序に注意して，めだかの様子を読み取る。 ・「はる」のまとまりを読む。 ・「なつ」のまとまりを読む。 ・「あき」のまとまりを読む。 ・「まとめ」のまとまりを読む。	精査・解釈
めだかの　ぼうけん③	2	○春から秋までの季節ごとのめだかの様子を，カードにまとめる。	考えの形成
		○めだかはどんな冒険をしたのか，川と田んぼとの関係を考えてまとめ，話し合う。	考えの形成　共有

| 1年 | 学図 | 教科書【下】：p.72〜75　配当時数：12時間　配当月：1月 |

そうぞうを　ひろげよう

「音」を　さがして　おはなしづくり

主領域　B書くこと

到達目標

≫知識・技能

○言葉には，事物の内容を表す働きや，経験したことを伝える働きがあることに気づくことができる。

○身近なことを表す語句の量を増やし，語彙を豊かにすることができる。

○新しく習う漢字を正しく読んだり書いたりすることができる。

≫思考・判断・表現

○経験したことや想像したことなどから書くことを見つけ，必要な事柄を集めたり確かめたりして，伝えたいことを明確にすることができる。

○文章に対する感想を伝え合い，自分の文章の内容や表現のよいところを見つけることができる。

○簡単な物語をつくるなど，感じたことや想像したことを書く活動ができる。

≫主体的に学習に取り組む態度　※「主体的に学習に取り組む態度」は方向目標を示しています。

○身の回りから聞こえてくる「音」や，「音のような言葉」を使って文を作ろうとする。

評価規準

≫知識・技能

○身の回りの音から，ものの様子や心の様子を表す言葉を探している。

○身近なことを表す語句の量を増やし，語彙を豊かにしている。

○新しく習う漢字を正しく読んだり書いたりしている。

● 対応する学習指導要領の項目：(1) ア，エ，オ

≫思考・判断・表現

○体や心から聞こえる「音」を探し，「音」をもとにして，想像を広げてお話を考えている。

○書いた文章を読んで感想を伝え合い，自分の文章のよいところを見つけている。

○「音を　あらわす　ことば」を使って物語をつくる活動をしている。

● 対応する学習指導要領の項目：B (1) ア，オ　　(2) ウ

≫主体的に学習に取り組む態度

○身の回りから聞こえてくる「音」や，「音のような言葉」を使って文を作ろうとしている。

学習活動

小単元名	時数	学習活動	学習の過程
「音」を さがして おはなしづくり①	1	○「体や心から聞こえる『音を表す言葉』を使って話を作る」という学習のめあてをつかむ。	見通し
「音」を さがして おはなしづくり②	9	○体や心から聞こえる音を探す。 ・音を表す言葉，心や物事の様子を表す言葉を探す。	情報の収集
		○見つけた音の言葉を使って，文を作る。 ○作った文に言葉をつなげて，短いお話を作る。	内容の検討　記述
「音」を さがして おはなしづくり③	2	○できあがったお話を友達と読み合い，感想を伝え合う。	共有

| 1年 | 学図 | 教科書【下】：p.76〜77　配当時数：2時間　配当月：2月 |

ことばの　いずみ　3

まとめて　よぶ　ことば

到達目標

≫知識・技能
○言葉には意味による語句のまとまりがあることに気づき，語彙を豊かにすることができる。

≫主体的に学習に取り組む態度　※「主体的に学習に取り組む態度」は方向目標を示しています。
○言葉の上位概念や下位概念について理解しようとする。

評価規準

≫知識・技能
○言葉の上位概念や下位概念を理解し，語彙を増やし，使っている。

●対応する学習指導要領の項目：(1) オ

≫主体的に学習に取り組む態度
○言葉の上位概念や下位概念について理解しようとしている。

学習活動

小単元名	時数	学習活動	学習の過程
まとめて　よぶ　ことば	2	○「りんご」「みかん」をまとめていう言葉が「くだもの」であることを理解する。 ○77ページの設問に取り組み，上位概念，下位概念を確かめる。	

| 1年 | 学図 | 教科書【下】：p.78〜79　配当時数：6時間　配当月：2月 |

ことばを　おくろう

ありがとうを　とどけよう

主領域　B書くこと

関連する道徳の内容項目　B感謝

到達目標

≫知識・技能

○言葉には経験したことを伝える働きがあることに気づくことができる。

○平仮名の表記のきまりや句読点の打ち方を理解し文や文章の中で使うことができる。

○新しく習う漢字を正しく読んだり書いたりすることができる。

≫思考・判断・表現

○文章を読み返す習慣を付けるとともに，間違いを正したり，語と語や文と文との続き方を確かめたりすることができる。

○手紙を書くなど，思ったことや伝えたいことを書く活動ができる。

≫主体的に学習に取り組む態度　※「主体的に学習に取り組む態度」は方向目標を示しています。

○相手に気持ちを伝える文章を書くことに関心をもち，書くときに気をつけることを確かめて気持ちが伝わるように書こうとする。

評価規準

≫知識・技能

○感謝の手紙を書くために，上級生にしてもらったことを表す言葉を選んでいる。

○日本語の表記のきまりを理解し，適切に使って文を書いている。

○新しく習う漢字を正しく読んだり書いたりしている。

● 対応する学習指導要領の項目：(1) ア，ウ，エ

≫思考・判断・表現

○書いた文章を読み返し，字の間違いや文がうまくつながっていないところなどを直している。

○お世話になった上級生に伝えたいことを，簡単な形式にまとめて，カードを書いている。

● 対応する学習指導要領の項目：B (1) エ　(2) イ

≫主体的に学習に取り組む態度

○上級生や家の人，友達などに感謝の気持ちを伝えるカードを，気持ちが伝わるように書こうとしている。

学習活動

小単元名	時数	学習活動	学習の過程
ありがとうを　とどけよう①	1	○入学してからこれまでに，上級生にどんなことをしてもらったかを思い出す。	題材の設定 情報の収集

| ありがとうを　とどけよう② | 5 | ○相手と書くことを決め，詳しく思い出してカードに書く。
○友達や教師，家の人に対してもカードを書いてみる。 | 内容の検討　記述　推敲 |

| 1年 | 学図 | 教科書【下】：p.80〜81　配当時数：3時間　配当月：2月 |

言葉の　いずみ　4

ひつじゅんと　にて　いる　かん字

到達目標

≫知識・技能

○漢字の筆順について理解し，正しい筆順で漢字を書くことができる。

○類似形漢字を理解し，正しく使うことができる。

○新しく習う漢字を正しく読んだり書いたりすることができる。

≫主体的に学習に取り組む態度　　※「主体的に学習に取り組む態度」は方向目標を示しています。

○漢字の筆順や類似形漢字について確かめて，正しい筆順で書いたり正しい意味の漢字を使ったりしようとする。

評価規準

≫知識・技能

○筆順のきまりについて理解し，正しい筆順で書いている。

○類似形漢字を理解し，意味に合わせて正しく使っている。

○新しく習う漢字を正しく読んだり書いたりしている。

●対応する学習指導要領の項目：(1) エ

≫主体的に学習に取り組む態度

○漢字の筆順や類似形漢字について確かめて，正しい筆順で書いたり正しい意味の漢字を使ったりしようとしている。

学習活動

小単元名	時数	学習活動	学習の過程
ひつじゅんと　にて　いる　かん字	3	○漢字の筆順について理解する。 ○似ている漢字に注意して，正しく漢字を覚える。 ○81 ページの設問に取り組み，類似形漢字に注意して，漢字を正しく書く。	

| 1年 | 学図 |

教科書【 下 】：p.82〜85　配当時数：12時間　配当月：2〜3月

6　じゅんじょよく　かこう

おてつだいを　したよ

主領域　B書くこと

関連する道徳の内容項目　C勤労，公共の精神

到達目標

≫知識・技能

○言葉には，事物の内容を表す働きや，経験したことを伝える働きがあることに気づくことができる。

○平仮名の表記のきまりや句読点の打ち方を理解し文や文章の中で使うことができる。

○事柄の順序など情報と情報との関係について理解することができる。

○新しく習う漢字を正しく読んだり書いたりすることができる。

≫思考・判断・表現

○経験したことから書くことを見つけ，必要な事柄を集めたり確かめたりして，伝えたいことを明確にすることができる。

○自分の思いや考えが明確になるように，事柄の順序に沿って簡単な構成を考えることができる。

○語と語や文と文との続き方に注意しながら，内容のまとまりがわかるように書き表し方を工夫することができる。

○文章に対する感想を伝え合い，自分の文章の内容や表現のよいところを見つけることができる。

○身近なことや経験したことを報告するなど，見聞きしたことを書く活動ができる。

≫主体的に学習に取り組む態度　　※「主体的に学習に取り組む態度」は方向目標を示しています。

○日常生活の出来事を順序よく作文に書こうとする。

評価規準

≫知識・技能

○手伝いをしたことについて書くために，自分がした手伝いの内容を表す言葉を選んでいる。

○日本語の表記のきまりを理解し，適切に使って文を書いている。

○「はじめに」「つぎに」「それから」「さいごに」などの言葉を使って，したことの順に書いている。

○新しく習う漢字を正しく読んだり書いたりしている。

●対応する学習指導要領の項目：(1) ア，ウ，エ　　(2) ア

≫思考・判断・表現

○家でした手伝いの中から書くことを見つけ，したことを順番に思い出してメモを書いている。

○手伝いの順に沿って構成を考えている。

○したことのまとまりごとに段落を分けるなどの工夫をして書いている。

○書いた文章を読んで感想を伝え合い，自分の文章のよいところを見つけている。

○したことや出来事を，順序よく書く活動をしている。

●対応する学習指導要領の項目：B (1) ア，イ，ウ，オ　　(2) ア

≫主体的に学習に取り組む態度

○手伝いをしたことや起こったことなど，日常生活の出来事を順序よく作文に書こうとしている。

学習活動

小単元名	時数	学習活動	学習の過程
おてつだいを　したよ ①	1	○82 ページ下段を読んで，学習の流れとめあてを確かめる。 ○家での手伝いについて，どんなことをしたことがあるか，発表する。	見通し
おてつだいを　したよ ②	9	○書くことを決めて，手伝いの順序をよく思い出す。	題材の設定 情報の収集
		○83 ページを参考にして，したことの順に表に書き出す。 ・したときに思ったことも書く。	内容の検討
		○「はじめに」「つぎに」「それから」「さいごに」などの言葉を使って，順序に沿って文章を書く。 ・したことの内容ごとに段落に分ける，思ったことや話したことを入れるなどの工夫をする。	構成の検討　記述
おてつだいを　したよ ③	2	○書き終わったら友達と読み合って，よいところを伝え合う。	共有

| 1年 | 学図 |

教科書【下】：p.86〜104　配当時数：12時間　配当月：3月

7　ばめんの　ようすを　おもいうかべて　よもう

ろくべえ　まってろよ

主領域　C読むこと

関連する道徳の内容項目　C勤労，公共の精神　D自然愛護

到達目標

≫知識・技能

○言葉には，事物の内容を表す働きや，経験したことを伝える働きがあることに気づくことができる。

○語のまとまりや言葉の響きなどに気をつけて音読することができる。

○新しく習う漢字を正しく読んだり書いたりすることができる。

≫思考・判断・表現

○場面の様子や登場人物の行動など，内容の大体を捉えることができる。

○場面の様子に着目して，登場人物の行動を具体的に想像することができる。

○文章を読んで感じたことやわかったことを共有することができる。

○物語を読んで，内容や感想などを伝え合ったり演じたりする活動ができる。

≫主体的に学習に取り組む態度　※「主体的に学習に取り組む態度」は方向目標を示しています。

○ろくべえの様子や子どもたちの様子，気持ちを想像しながら音読しようとする。

評価規準

≫知識・技能

○「ろくべえ，まってろよ」を読んで，出来事の内容を表す言葉やしたことを表す言葉を見つけている。

○語のまとまりや言葉の響きなどに気をつけて音読している。

○新しく習う漢字を正しく読んだり書いたりしている。

　　　　　　　　　　　　　　　　　　　　　　　　　●対応する学習指導要領の項目：(1) ア，エ，ク

≫思考・判断・表現

○場面の様子や子どもたちの行動など，内容の大体を捉えている。

○場面ごとの様子に着目し，ろくべえや子どもたちの行動を具体的に想像している。

○「ろくべえ，まってろよ」を読んで感じたことを友達と交流し，共有している。

○場面の様子や登場人物の気持ちが表れるように，好きな場面を役割を決めて音読している。

　　　　　　　　　　　　　　　　　　　　●対応する学習指導要領の項目：C (1) イ，エ，カ　(2) イ

≫主体的に学習に取り組む態度

○ろくべえの様子や子どもたちの様子，気持ちを想像しながら音読している。

学習活動

小単元名	時数	学習活動	学習の過程
ろくべえ　まってろよ ①	1	○103・104 ページ「がくしゅうの　てびき」を読み，学習のめあてを確かめる。	見通し
		○全文を通して読み，あらすじをつかむ。	構造と内容の把握
ろくべえ　まってろよ ②	7	○ろくべえが穴に落ちているのを見つけて，みんなで助けようとする子どもたちの様子と行動を捉える。 ・穴に落ちたろくべえを見つけた場面 ・お母さんたちに助けを頼んだ場面 ・丸くなってしまったろくべえを，みんなで心配する場面 ・ゴルフのクラブを持った暇そうな人に助けを頼んだ場面 ・クッキーを連れてきて，ろくべえを助けた場面	精査・解釈
ろくべえ　まってろよ ③	4	○物語のあらすじを確かめ，場面の変化を順にふり返る。 ○場面ごとの登場人物の気持ちを考える。	考えの形成
		○場面の様子や登場人物の気持ちが表れるように，好きな場面を役割を決めて音読する。	精査・解釈　共有

| 1年 | 学図 | | 教科書【下】：p.105〜105　配当時数：1時間　配当月：3月 |

かん字の　ひろば

一年生で　学ぶ　かん字

到達目標

≫知識・技能
○第1学年に配当されている漢字を読み，漸次書き，文や文章の中で使ったりすることができる。

≫主体的に学習に取り組む態度　※「主体的に学習に取り組む態度」は方向目標を示しています。
○新しく学習した漢字を読み書きしようとする。

評価規準

≫知識・技能
○新しく習う漢字を正しく読んだり書いたりしている。

●対応する学習指導要領の項目：(1) エ

≫主体的に学習に取り組む態度
○新しく学習した漢字を読み書きしている。

学習活動

小単元名	時数	学習活動	学習の過程
一年生で　学ぶ　かん字	1	○新出漢字を正しく読み書きする。	

| 1年 | 学図 | 教科書【下】：p.106〜107　配当時数：1時間　配当月：3月 |

これからの　あなたへ

うれしかった

主領域　C読むこと

関連する道徳の内容項目　D生命の尊さ／自然愛護

到達目標

≫知識・技能
○言葉には，事物の内容を表す働きや，経験したことを伝える働きがあることに気づくことができる。

≫思考・判断・表現
○文章の内容と自分の体験とを結び付けて，感想をもつことができる。

≫主体的に学習に取り組む態度　※「主体的に学習に取り組む態度」は方向目標を示しています。
○詩の情景を思いうかべながら音読しようとする。

評価規準

≫知識・技能
○「うれしかった」を読んで，経験したことを表す言葉を見つけている。

●対応する学習指導要領の項目：(1) ア

≫思考・判断・表現
○青虫や蝶になったつもりで「うれしかった」を読み，感想をもっている。

●対応する学習指導要領の項目：C (1) オ

≫主体的に学習に取り組む態度
○詩に描かれた情景や作者の思いをつかみ，音読している。

学習活動

小単元名	時数	学習活動	学習の過程
うれしかった	1	○絵と文章をつなげて詩の情景を想像し，登場人物になったつもりで音読する。	考えの形成

| 1年 | 学図 | | 教科書【下】：p.108〜108　配当時数：3時間　配当月：3月 |

ふりかえり
一年生を　ふりかえって

主領域　B書くこと

到達目標

≫知識・技能
○丁寧な言葉と普通の言葉との違いに注意しながら書くことができる。

≫思考・判断・表現
○文章に対する感想を伝え合い，自分の文章の内容や表現のよいところを見つけることができる。

≫主体的に学習に取り組む態度　※「主体的に学習に取り組む態度」は方向目標を示しています。
○1年間の学びをふり返り，今後の学習に生かそうとする。

評価規準

≫知識・技能
○1年間の学習でがんばったことや，これからも続けたいことを，敬体と常体の違いに注意しながら書いている。

　　　　　　　　　　　　　　　　　　　　　　●対応する学習指導要領の項目：(1) キ

≫思考・判断・表現
○書いた文章を友達と読み合い，感想を伝えている。

　　　　　　　　　　　　　　　　　　　　　　●対応する学習指導要領の項目：B (1) オ

≫主体的に学習に取り組む態度
○1年間の学びをふり返り，今後の学習に生かそうとしている。

学習活動

小単元名	時数	学習活動	学習の過程
一年生を　ふりかえって①	1	○教科書をもとに，1年生の国語の学びをふり返り，がんばったことやこれからも続けたいことを伝え合う。	情報の収集　共有
一年生を　ふりかえって②	2	○108ページを参考に，国語の学習でがんばったことやこれからも続けたいことを書く。	記述　共有

| 2年 | 学図 | 教科書【上】：p.0〜1　配当時数：1時間　配当月：4月 |

ねぎぼうずの　がくたい

| 主領域 | C読むこと |
| 関連する道徳の内容項目 | D自然愛護 |

到達目標

>>知識・技能

○言葉には，事物の内容を表す働きや，経験したことを伝える働きがあることに気づくことができる。

○身近なことを表す語句の量を増し，語彙を豊かにすることができる。

○語のまとまりや言葉の響きに気をつけて音読することができる。

>>思考・判断・表現

○場面の様子に着目して，情景を具体的に想像することができる。

>>主体的に学習に取り組む態度　　※「主体的に学習に取り組む態度」は方向目標を示しています。

○言葉のリズムを工夫して音読しようとする。

評価規準

>>知識・技能

○ねぎぼうずの様子や畑の情景などを表す言葉を見つけている。

○「ねぎぼうず」「はたけ」「がくたい」「二れつじゅうたい」「みわたすかぎり」などの言葉に気づき，語彙を増やしている。

○文節ごと，連ごとのまとまりに気をつけて音読している。

　　　　　　　　　　　　　　　　　　　　　　　　　　● 対応する学習指導要領の項目：(1) ア，オ，ク

>>思考・判断・表現

○「ねぎぼうずの　がくたい」を読んで，畑やネギ坊主の様子を具体的に想像している。

　　　　　　　　　　　　　　　　　　　　　　　　　　● 対応する学習指導要領の項目：C (1) エ

>>主体的に学習に取り組む態度

○連ごとのまとまりに気をつけて，リズムを工夫して音読している。

学習活動

小単元名	時数	学習活動	学習の過程
ねぎぼうずの　がくたい	1	○詩に描かれている情景を思いうかべる。 ○言葉の響きやリズムを楽しみながら音読する。	精査・解釈

| 2年 | 学図 | 教科書【 上 】：p.8〜9　配当時数：2時間　配当月：4月 |

ことばで　つながる

ことばビンゴを　つくろう

主領域　A話すこと・聞くこと

到達目標

≫知識・技能
○言葉には，事物の内容を表す働きや，経験したことを伝える働きがあることに気づくことができる。
○身近なことを表す語の量を増し，語彙を豊かにすることができる。

≫思考・判断・表現
○互いの話に関心をもち，相手の発言を受けて話をつなぐことができる。

≫主体的に学習に取り組む態度　※「主体的に学習に取り組む態度」は方向目標を示しています。
○言葉集めに関心をもち，「ことばビンゴ」に取り組もうとする。

評価規準

≫知識・技能
　○「ま」から始まる，事物を表す言葉を思いうかべている。
　○身の回りから「ま」で始まる言葉を探して，語彙を増やしている。
　　　　　　　　　　　　　　　　　　　　　　　　　● 対応する学習指導要領の項目：(1) ア，オ

≫思考・判断・表現
　○隣の友達とペアになり，相談しながら「ま」から始まる言葉を探している。
　　　　　　　　　　　　　　　　　　　　　　　　　● 対応する学習指導要領の項目：A (1) オ

≫主体的に学習に取り組む態度
　○身の回りの「ま」で始まる言葉をたくさん探し，ビンゴゲームを楽しもうとしている。

学習活動

小単元名	時数	学習活動	学習の過程
ことばビンゴを　つくろう	2	○「ことばビンゴ」のやり方を確かめる。	見通し
		○隣の友達とペアになり，ビンゴカードに「ま」のつく言葉を書き入れる。 ○隣どうしで話し合いながら，「ことばビンゴ」を楽しむ。 ○言葉を変えてやってみる。	考えの形成　共有
		○おもしろかったこと，むずかしかったことを話し合う。	ふり返り

| 2年 | 学図 |

教科書【上】：p.10〜21　配当時数：10時間　配当月：4月

1　おはなしと　えから　そうぞうして　よもう

スイミー

主領域　C読むこと

関連する道徳の内容項目　A個性の伸長　C勤労，公共の精神

到達目標

》知識・技能

○言葉には，事物の内容を表す働きや，経験したことを伝える働きがあることに気づくことができる。

○語のまとまりや言葉の響きに気をつけて音読することができる。

○新しく習う漢字を正しく読んだり書いたりすることができる。

》思考・判断・表現

○場面の様子や登場人物の行動など，内容の大体を捉えることができる。

○場面の様子に着目して，登場人物の行動を具体的に想像することができる。

○文章を読んで感じたことやわかったことを共有することができる。

○読み聞かせを聞いたり物語を読んだりして，内容や感想を伝え合ったり演じたりする活動ができる。

》主体的に学習に取り組む態度　※「主体的に学習に取り組む態度」は方向目標を示しています。

○場面の移り変わりや人物の言動を想像して，様子がわかるように音読しようとする。

評価規準

》知識・技能

○「スイミー」を読んで，海の中の様子を表す言葉や，スイミーが経験したことを表す言葉を見つけている。

○文節やせりふのまとまり，言葉の響きに気をつけて音読している。

○新しく習う漢字を正しく読んだり書いたりしている。

●対応する学習指導要領の項目：(1) ア，エ，ク

》思考・判断・表現

○海の中で起こったことやスイミーの行動など，お話の大体を捉えている。

○場面ごとのスイミーの行動を具体的に想像している。

○「スイミー」を読んで感じたことやわかったことを友達と交流し，共有している。

○スイミーたちの様子が伝わるように，音読したり役に分かれて演じたりしている。

●対応する学習指導要領の項目：C (1) イ，エ，カ　(2) イ

》主体的に学習に取り組む態度

○場面の移り変わりや人物の言動を想像して，様子がわかるように音読しようとしている。

学習活動

小単元名	時数	学習活動	学習の過程
スイミー①	2	○全文を読み，挿絵を並べ替えて物語の全体を確かめる。	構造と内容の把握
スイミー②	6	○挿絵ごとに登場人物や場面の内容を確かめる。 ・場面設定や登場人物（ウ） ・小さな魚たちがまぐろに襲われる場面（カ） ・スイミーが見た海の中の様子（イ・エ・キ） ・新しい仲間と出会ったスイミー（ア） ・大きな魚を追い出したスイミーたちの行動（オ）	精査・解釈 考えの形成
スイミー③	2	○場面の様子を整理してまとめ，様子がわかるように音読する。	共有

| 2年 | 学図 | 教科書【上】：p.22〜23　配当時数：8時間　配当月：4月 |

きょうを　のこそう

いろいろな　日記を　かこう

主領域　B書くこと

到達目標

》知識・技能
○言葉には経験したことを伝える働きがあることに気づくことができる。
○言葉の表記のきまりを理解し文や文章の中で使うとともに，平仮名及び片仮名を読み，書くことができる。
○文の中における主語と述語との関係に気づくことができる。
○新しく習う漢字を正しく読んだり書いたりすることができる。

》思考・判断・表現
○経験したことや想像したことなどから書くことを見つけ，必要な事柄を集めたり確かめたりして，伝えたいことを明確にすることができる。
○日記を書くなど，思ったことや伝えたいことを書く活動ができる。

》主体的に学習に取り組む態度　　※「主体的に学習に取り組む態度」は方向目標を示しています。
○日常生活の中で感じたことや思ったことを日記に書こうとする。

評価規準

》知識・技能
○言葉には経験したことを伝える働きがあることに気づいている。
○言葉の表記のきまりを理解して日記を書いている。
○文の中における主語と述語との関係に気づいている。
○新しく習う漢字を正しく読んだり書いたりしている。
　　　　　　　　　　　　　　　　　　　　　　　　　　→ 対応する学習指導要領の項目：(1) ア，エ，ウ，カ

》思考・判断・表現
○日常生活の中でうれしかったことや感謝したいこと，初めて知ったことなどを日記に書いている。
○思ったことや伝えたいことを日記に書く活動をしている。
　　　　　　　　　　　　　　　　　　　　　　　　　　→ 対応する学習指導要領の項目：B (1) ア　(2) イ

》主体的に学習に取り組む態度
○日常生活の中で感じたことや思ったことを日記に書いている。

学習活動

小単元名	時数	学習活動	学習の過程
いろいろな　日記を かこう①	3	○いろいろな日記の書き方を理解する。 ・「やったね日記」を読み，うれしかったことを思い出す。 ・「ありがとう日記」を読み，ありがとうと言いたい出来事を思い出す。 ・「はっけん日記」を読み，初めて知ったこと，見たもの，聞いたことなどを思い出す。	情報の収集 内容の検討
いろいろな　日記を かこう②	5	○実際に日記を書く。	記述

2年

115

| 2年 | 学図 | 教科書【上】：p.24〜25　配当時数：1時間　配当月：4月 |

きせつの　たより

はる

到達目標

》知識・技能
○言葉には，意味による語句のまとまりがあることに気づき，語彙を豊かにすることができる。

》主体的に学習に取り組む態度　※「主体的に学習に取り組む態度」は方向目標を示しています。
○季節に対するものの見方や感じ方に注意して，春を表す言葉や情景について考えようとする。

評価規準

》知識・技能
○教科書の絵の中から春に関わる様子や情景を表す語句を探し，文章の中で使うとともに語彙を豊かにしている。
────────────────────● 対応する学習指導要領の項目：(1) オ

》主体的に学習に取り組む態度
○季節に対するものの見方や感じ方に注意して，春らしいものを見つけ，思ったことを書いている。

学習活動

小単元名	時数	学習活動	学習の過程
はる	1	○春に関わる言葉について話し合う。 ○身の回りにある春らしいものを見つけて，カードに書き，紹介し合う。	

| 2年 | 学図 | 教科書【上】：p.26〜27　配当時数：2時間　配当月：4月 |

ことばの　いずみ　1

かん字の　画

到達目標

≫知識・技能

○漢字の画と画数について理解することができる。

○新しく習う漢字を正しく読んだり書いたりすることができる。

≫主体的に学習に取り組む態度　　※「主体的に学習に取り組む態度」は方向目標を示しています。

○漢字の画と画数について理解し，漢字を正しく書こうとする。

評価規準

≫知識・技能

○漢字の画と画数について理解している。

○新しく習う漢字を正しく読んだり書いたりしている。

●対応する学習指導要領の項目：(1) エ

≫主体的に学習に取り組む態度

○漢字の画と画数について理解し，漢字を正しく書こうとしている。

学習活動

小単元名	時数	学習活動	学習の過程
かん字の　画	2	○漢字の画と画数について理解する。 ○「たて画」と「よこ画」について理解する。	

| 2年 | 学図 |

教科書【上】：p.28〜29　配当時数：3時間　配当月：5月

みんなに　つたえよう

はじめたよ，こんな　こと

主領域　A話すこと・聞くこと

到達目標

≫知識・技能

○言葉には，事物の内容を表す働きや，経験したことを伝える働きがあることに気づくことができる。

○姿勢や口形，発声や発音に注意して話すことができる。

○新しく習う漢字を正しく読んだり書いたりすることができる。

≫思考・判断・表現

○身近なことや経験したことなどから話題を決め，伝え合うために必要な事柄を選ぶことができる。

○伝えたい事柄や相手に応じて，声の大きさや速さなどを工夫することができる。

○話し手が知らせたいことや自分が聞きたいことを落とさないように集中して聞き，話の内容を捉えて感想をもつことができる。

≫主体的に学習に取り組む態度　※「主体的に学習に取り組む態度」は方向目標を示しています。

○話したり聞き合ったりすることを通して，友達のことを知ろうとする。

評価規準

≫知識・技能

○言葉には，事物の内容を表す働きや，経験したことを伝える働きがあることに気づいている。

○聞いている人に届くように，姿勢や口形，発声や発音に注意して話している。

○新しく習う漢字を正しく読んだり書いたりしている。

●対応する学習指導要領の項目：(1) ア，イ，エ

≫思考・判断・表現

○ 2年生になって始めたことを思い出し，話す内容を決めている。

○聞いている人によく伝わるように，声の大きさや速さなどを工夫している。

○友達の話を集中して聞き，質問したり感想を伝えたりしている。

●対応する学習指導要領の項目：A (1) ア，ウ，エ

≫主体的に学習に取り組む態度

○話したり聞き合ったりすることを通して，友達のことを知ろうとしている。

学習活動

小単元名	時数	学習活動	学習の過程
はじめたよ，こんなこと	3	○2年生になって始めたことを思い出し，話す内容を決める。	話題の設定 情報の収集
		○クラスの友達に話したり，クラスの友達の話を聞いて感想を言ったり質問したりする。	表現　共有

| 2年 | 学図 |

教科書【上】：p.30〜31　配当時数：2時間　配当月：5月

ことばの　きまり　1

主語と　述語

到達目標

≫知識・技能
○文の中における主語と述語との関係に気づくことができる。
○新しく習う漢字を正しく読んだり書いたりすることができる。

≫主体的に学習に取り組む態度　※「主体的に学習に取り組む態度」は方向目標を示しています。
○文の中には主語と述語があることに気づき，文の型を理解しようとする。

評価規準

≫知識・技能
○主語と述語の関係に気づき，主語と述語が整った文を書いている。
○新しく習う漢字を正しく読んだり書いたりしている。
　　　　　　　　　　　　　　　　　　　　　　　●対応する学習指導要領の項目：(1) エ，カ

≫主体的に学習に取り組む態度
○文の中には主語と述語があることに気づき，文の型を理解しようとしている。

学習活動

小単元名	時数	学習活動	学習の過程
主語と　述語	2	○主語と述語について理解する。 ・ア〜エの4つの型を理解する。 ○31ページ下段の設問に取り組む。	

| 2年 | 学図 | 教科書【上】：p.32〜39　配当時数：10時間　配当月：5月 |

2　じゅんじょを　考えながら　よもう

ほたるの　一生

主領域　C読むこと

関連する道徳の内容項目　D自然愛護

到達目標

》知識・技能

○文の中における主語と述語との関係に気づくことができる。

○丁寧な言葉と普通の言葉との違いに気をつけて使うとともに，敬体で書かれた文章に慣れることができる。

○事柄の順序など情報と情報の関係について理解することができる。

○新しく習う漢字を正しく読んだり書いたりすることができる。

》思考・判断・表現

○時間的な順序や事柄の順序などを考えながら，内容の大体を捉えることができる。

○文章を読んで感じたことやわかったことを共有することができる。

○事物の仕組みを説明した文章を読み，わかったことや考えたことを述べる活動ができる。

》主体的に学習に取り組む態度　　※「主体的に学習に取り組む態度」は方向目標を示しています。

○ほたるの一生に関心をもち，文章の順序を考えて詳しく読もうとする。

評価規準

》知識・技能

○段落ごとの主語を見つけている。

○文章全体の敬体表現に慣れ，感想やまとめを敬体で書いている。

○ほたるの一生を時間の流れに沿って理解している。

○新しく習う漢字を正しく読んだり書いたりしている。

　　　　　　　　　　　　　　　　　　　　● 対応する学習指導要領の項目：(1) エ，カ，キ　(2) ア

》思考・判断・表現

○ほたるの成長の過程を，時間を表す言葉に注意して時間の流れに沿って順に読み取っている。

○ほたるの一生についてわかったことを友達と交流し，共有している。

○説明文を読み，わかったことや考えたことをまとめている。

　　　　　　　　　　　　　　　　　　　　● 対応する学習指導要領の項目：C (1) ア，カ　(2) ア

》主体的に学習に取り組む態度

○ほたるの一生に関心をもち，文章の順序を考えて詳しく読もうとしている。

学習活動

小単元名	時数	学習活動	学習の過程
ほたるの　一生①	1	○文章と写真を関連させて読み，説明内容の大体をつかむ。	構造と内容の把握
ほたるの　一生②	6	○まとまりごとに，順序に注意して詳しく読む。 ・話題提示と「問い」のまとまりを読む。 ・「ほたるの一生」を，説明の順に詳しく読む。 ・最後のまとまりを読む。	精査・解釈
ほたるの　一生③	3	○ほたるの一生をカレンダーにまとめ，一文で説明する文を書く。	考えの形成
		・「ほたるの一生」を，カレンダーにまとめる。	構造と内容の把握 考えの形成
		・はじめのまとまりの「問い」の答えを考えて，話し合う。 ・詳しく読んで整理したことをもとにして，ほたるの一生を一文で説明する。	考えの形成　共有

122

| 2年 | 学図 | 教科書【上】：p.40〜42　配当時数：8時間　配当月：5月 |

しらべて　書こう

しらべよう，まとめよう　生きものの　一生

| 主領域 | B書くこと |

到達目標

≫知識・技能

○言葉には，事物の内容を表す働きがあることに気づくことができる。

○文の中における主語と述語との関係に気づくことができる。

○事柄の順序など情報と情報との関係について理解することができる。

○読書に親しみ，いろいろな本があることを知ることができる。

○新しく習う漢字を正しく読んだり書いたりすることができる。

≫思考・判断・表現

○調べたことから書くことを見つけ，必要な事柄を集めたり確かめたりして，伝えたいことを明確にすることができる。

○事柄の順序に沿って簡単な構成を考えることができる。

○語と語や文と文との続き方に注意しながら，内容のまとまりがわかるように書き表し方を工夫することができる。

○文章に対する感想を伝え合い，自分の文章の内容や表現のよいところを見つけることができる。

○調べたことを報告するなど，見聞きしたことを書く活動ができる。

≫主体的に学習に取り組む態度　※「主体的に学習に取り組む態度」は方向目標を示しています。

○生き物について調べたことをまとめようとする。

評価規準

≫知識・技能

○図鑑や本を読み，事物の内容を表す言葉に気づいている。

○主語と述語が整った文を書いている。

○生き物の一生を調べ，順序にって理解している。

○読書に親しみ，いろいろな本に触れている。

○新しく習う漢字を正しく読んだり書いたりしている。

　　　　　　　　　　　　　　　　　　　●対応する学習指導要領の項目：(1) ア，エ，カ　　(2) ア　　(3) エ

≫思考・判断・表現

○どの生き物のことを書くかを決め，図鑑などでその一生について調べている。

○成長の順序に沿って構成を考えている。

○成長の過程ごとに内容を分けて書くなど，わかりやすいように工夫している。

○書いた文章を読んで感想を伝え合い，自分の文章の内容や書き方のよいところを見つけている。

○生き物の一生について調べたことを報告する活動をしている。

　　　　　　　　　　　　　　　　　　　●対応する学習指導要領の項目：B (1) ア，イ，ウ，オ　　(2) ア

123

≫主体的に学習に取り組む態度

○生き物について図鑑などで調べたことを，順序がわかるようにまとめようとしている。

学習活動

小単元名	時数	学習活動	学習の過程
しらべよう，まとめよう 　生きものの　一生①	1	○教科書を読み，学習の見通しをもつ。	見通し
しらべよう，まとめよう 　生きものの　一生②	6	○自分が調べる生き物を決める。	題材の設定
		○選んだ生き物の一生について，図鑑などで調べてカードにまとめる。 ・41ページを参考に，成長の順序がわかるようにまとめる。	情報の収集 構成の検討
		○カードをもとに文章を書く。 ・敬体表現で書く。	記述　推敲
しらべよう，まとめよう 　生きものの　一生③	1	○書いた文章を読み合い，感想を伝え合う。	共有

| 2年 | 学図 |

教科書【上】：p.43〜43　配当時数：1時間　配当月：5月

かん字の　ひろば　1

二年生で　学ぶ　かん字／一年生で　学んだ　かん字の　読みかえ

2年

到達目標

≫知識・技能

○第1学年に配当されている漢字を書いたり，第2学年に配当されている漢字を読み，漸次書き，文や文章の中で使ったりすることができる。

≫主体的に学習に取り組む態度　※「主体的に学習に取り組む態度」は方向目標を示しています。

○新しく学習した漢字や1年生で習った漢字の読みかえを読み書きしようとする。

評価規準

≫知識・技能

　○1年生で習った漢字の読みかえを文の中で正しく読み書きしている。

　○2年生で新しく習う漢字を正しく読んだり書いたりしている。

────────────────────────● 対応する学習指導要領の項目：(1) エ

≫主体的に学習に取り組む態度

　○新しく学習した漢字や1年生で習った漢字の読みかえを読み書きしている。

学習活動

小単元名	時数	学習活動	学習の過程
二年生で　学ぶ　かん字／一年生で　学んだ　かん字の　読みかえ	1	○新出漢字を正しく読み書きする。 ○1年生で習った漢字を読みかえて，正しく読み書きする。	

125

| 2年 | 学図 | 教科書【上】：p.44〜45　配当時数：2時間　配当月：5月 |

しらべよう　まとめよう

ずかんを　つかって　まとめよう

| 主領域 | C読むこと |

到達目標

≫知識・技能

○言葉には意味による語句のまとまりがあることに気づき，語彙を豊かにすることができる。

○読書に親しみ，いろいろな本があることを知ることができる。

≫思考・判断・表現

○文章の中の重要な語や文を考えて選び出すことができる。

○学校図書館などを利用し，図鑑などを読み，わかったことを説明する活動ができる。

≫主体的に学習に取り組む態度　　※「主体的に学習に取り組む態度」は方向目標を示しています。

○知りたいと思った動物について図鑑で調べ，わかったことをまとめようとする。

評価規準

≫知識・技能

○図鑑を調べて，生き物の大きさ，性格，行動の特徴などについて知り，語彙を増やしている。

○読書に親しみ，いろいろな本に触れている。

● 対応する学習指導要領の項目：(1) オ　(3) エ

≫思考・判断・表現

○図鑑から，まとめるのに必要な語句や文を考えて選び出している。

○図鑑を調べてわかったことを説明する活動をしている。

● 対応する学習指導要領の項目：C (1) ウ　(2) ウ

≫主体的に学習に取り組む態度

○知りたいと思った動物について図鑑で調べ，わかったことをまとめようとしている。

学習活動

小単元名	時数	学習活動	学習の過程
ずかんを　つかって　まとめよう	2	○図鑑の調べ方を知る。 ・目次や索引について知る。 ・実際に図鑑を見て，どんなふうに書いてあるかを確かめる。	構造と内容の把握
		○興味があることを図鑑を使って調べ，まとめる。	精査・解釈

| 2年 | 学図 | | 教科書【上】：p.46〜47　配当時数：2時間　配当月：6月 |

ことばの　いずみ　2

かん字の　でき方

到達目標

≫知識・技能

○漢字のでき方を理解することができる。

○新しく習う漢字を正しく読んだり書いたりすることができる。

≫主体的に学習に取り組む態度　　※「主体的に学習に取り組む態度」は方向目標を示しています。

○漢字のでき方に関心をもち，理解しようとする。

評価規準

≫知識・技能

○象形文字と会意文字の，漢字のでき方を理解している。

○新しく習う漢字を正しく読んだり書いたりしている。

●対応する学習指導要領の項目：(1) エ

≫主体的に学習に取り組む態度

○漢字のでき方に関心をもち，象形文字と会意文字を理解しようとしている。

学習活動

小単元名	時数	学習活動	学習の過程
かん字の　でき方	2	○ものの形からできた字 (象形文字) について理解する。 ○漢字の意味を合わせた字 (会意文字) について理解する。	

| 2年 | 学図 | 教科書【上】：p.48〜49　配当時数：4時間　配当月：6月 |

文しょうの　書き方・まとめ方

書き出しを　くふうしよう

主領域　B書くこと

到達目標

知識・技能

○言葉には，経験したことを伝える働きがあることに気づくことができる。

○身近なことを表す語句の量を増し，話や文章の中で使うとともに，語彙を豊かにすることができる。

○新しく習う漢字を正しく読んだり書いたりすることができる。

思考・判断・表現

○経験したことから書くことを見つけ，伝えたいことを明確にすることができる。

○文章に対する感想を伝え合い，自分の文章の内容や表現のよいところを見つけることができる。

主体的に学習に取り組む態度　※「主体的に学習に取り組む態度」は方向目標を示しています。

○書き出しを工夫して，読みたくなるような文章を書こうとする。

評価規準

知識・技能

○経験したことを，言葉で表している。

○経験したことを作文に書き，身近なことを表す言葉を増やしている。

○新しく習う漢字を正しく読んだり書いたりしている。

●対応する学習指導要領の項目：(1) ア，エ，オ

思考・判断・表現

○今まで書いた作文を読み返し，書き出しを工夫して書き直している。

○書き直した文章を読んで感想を伝え合い，自分の文章の内容や書き方のよいところを見つけている。

●対応する学習指導要領の項目：B (1) ア，オ

主体的に学習に取り組む態度

○書き出しを工夫して，読みたくなるような文章を書こうとしている。

学習活動

小単元名	時数	学習活動	学習の過程
書き出しを　くふうしよう①	2	○48ページの作文の書き出しについて，どちらが読みたくなるか話し合う。 ○49ページの文章の書き出しを工夫して，読みたくなるような文に書き換える。	内容の検討　共有

| 書き出しを　くふうしよう② | 2 | ○今まで書いた自分の作文の書き出しを，読みたくなるような文に書き換える。 | 記述　推敲 |

| 2年 | 学図 | 教科書【上】：p.50〜51　配当時数：3時間　配当月：6月 |

ことばを　聞きとろう

たからさがしに　ちょうせん

主領域　A話すこと・聞くこと

到達目標

≫知識・技能
○言葉には，事物の内容を表す働きがあることに気づくことができる。
○新しく習う漢字を正しく読んだり書いたりすることができる。

≫思考・判断・表現
○話し手が知らせたいことや自分が聞きたいことを落とさないように集中して聞き，話の内容を捉えることができる。

≫主体的に学習に取り組む態度　　※「主体的に学習に取り組む態度」は方向目標を示しています。
○教師や友達が出すヒントを聞き，宝探しをしようとする。

評価規準

≫知識・技能
　○宝物を隠した場所のヒントになるような言葉を考えている。
　○新しく習う漢字を正しく読んだり書いたりしている。
　　　　　　　　　　　　　　　　　　　　　　　　　　　　　● 対応する学習指導要領の項目：(1) ア，エ

≫思考・判断・表現
　○教師や友達が出すヒントを落とさないように聞き，どこに宝物があるかを捉えている。
　　　　　　　　　　　　　　　　　　　　　　　　　　　　　● 対応する学習指導要領の項目：A (1) エ

≫主体的に学習に取り組む態度
　○教師や友達が出すヒントをよく聞き，宝探しをしている。
　　　　　　　　　　　　　　　　　　　　　　　　　　　　　　　　　　　　　　　●

学習活動

小単元名	時数	学習活動	学習の過程
たからさがしに　ちょうせん	3	○51ページの「たからさがしの　やりかた」を読み，「たからさがし」の方法を理解する。	構造と内容の把握
		○教師がヒントを出す役になり，「たからさがし」を行う。 ○二人組になって「たからさがし」を行う。	共有

130

| 2年 | 学図 |

教科書【上】：p.52〜57　配当時数：6時間　配当月：6月

3　ずや ひょうに して くらべて 読もう

たこの　すみ　いかの　すみ

主領域　C読むこと

関連する道徳の内容項目　D自然愛護

到達目標

≫知識・技能
○言葉には，事物の内容を表す働きがあることに気づくことができる。
○共通，相違，事柄の順序など情報と情報との関係について理解することができる。
○新しく習う漢字を正しく読んだり書いたりすることができる。

≫思考・判断・表現
○文章の中の重要な語や文を考えて選び出すことができる。
○文章を読んで感じたことやわかったことを共有することができる。
○事物の仕組みを説明した文章を読み，わかったことや考えたことを述べる活動ができる。

≫主体的に学習に取り組む態度　　※「主体的に学習に取り組む態度」は方向目標を示しています。
○説明内容に関心をもち，比較しながら詳しく読もうとする。

評価規準

≫知識・技能
　○たこやいかの墨について説明した言葉を見つけている。
　○たこといかの共通点や相違点について理解している。
　○新しく習う漢字を正しく読んだり書いたりしている。
　　　　　　　　　　　　　　　　　　　　　　● 対応する学習指導要領の項目：(1) ア，エ　　(2) ア

≫思考・判断・表現
　○たこやいかの墨について，説明の中から重要な語句を選び出している。
　○「たこの　すみ　いかの　すみ」についてわかったことを友達と交流し，共有している。
　○表や図を使って，「たこ」と「いか」の同じところと違うところを説明している。
　　　　　　　　　　　　　　　　　　　　　　● 対応する学習指導要領の項目：C (1) ウ，カ　　(2) ア

≫主体的に学習に取り組む態度
　○「たこ」と「いか」のすみについての説明に関心をもち，2つを比較しながら詳しく読もうとしている。

学習活動

小単元名	時数	学習活動	学習の過程
たこの　すみ　いかの　すみ①	1	○説明のあらましをつかみ，初発の感想を発表する。	構造と内容の把握
たこの　すみ　いかの　すみ②	4	○話題提示と「問い」と「答え」のまとまりを読む。 ・「たこ」についてのまとまりを読む。 ・「いか」についてのまとまりを読む。 ・「いか」と「たこ」を比べたまとまりを読む。	精査・解釈
		○読んだことをもとに，「たこ」と「いか」の違いを表にまとめ，違いの理由をまとめる。	考えの形成　共有
たこの　すみ　いかの　すみ③	1	○表や図を使って，「たこ」と「いか」の同じところと違うところを説明する。	考えの形成　共有

2年 学図　　　教科書【上】：p.58〜59　配当時数：1時間　配当月：6月

きせつの　たより
なつ

到達目標

≫知識・技能
○言葉には，意味による語句のまとまりがあることに気づき，語彙を豊かにすることができる。

≫主体的に学習に取り組む態度　※「主体的に学習に取り組む態度」は方向目標を示しています。
○季節に対するものの見方や感じ方に注意して，夏を表す言葉や情景について考えようとする。

評価規準

≫知識・技能
○教科書の絵の中から夏に関わる様子や情景を表す語句を探し，文章の中で使うとともに語彙を豊かにしている。
　　　　　　　　　　　　　　　　　　　　　　　　　　　　　　　●対応する学習指導要領の項目：(1) オ

≫主体的に学習に取り組む態度
○季節に対するものの見方や感じ方に注意して，夏らしいものを見つけ，思ったことを書いている。

学習活動

小単元名	時数	学習活動	学習の過程
なつ	1	○夏に関わる言葉について話し合う。 ○身の回りにある夏らしいものを見つけて，カードに書き，紹介し合う。	

133

| 2年 | 学図 | 教科書【上】：p.60〜61　配当時数：2時間　配当月：6月 |

ことばの　いずみ　3

音や　ようすを　あらわす　ことば

到達目標

≫知識・技能

○言葉には意味による語句のまとまりがあることに気づき，語彙を豊かにすることができる。

○新しく習う漢字を正しく読んだり書いたりすることができる。

≫主体的に学習に取り組む態度　※「主体的に学習に取り組む態度」は方向目標を示しています。

○音や様子を表す言葉に関心をもち，身の回りから言葉を集めようとする。

評価規準

≫知識・技能

○擬音語と擬態語を理解し，適切な音や様子を表す言葉を考えて，文の中で使っている。

○新しく習う漢字を正しく読んだり書いたりしている。

●対応する学習指導要領の項目：(1) エ，オ

≫主体的に学習に取り組む態度

○音や様子を表す言葉に関心をもち，身の回りから言葉を集めている。

学習活動

小単元名	時数	学習活動	学習の過程
音や　ようすを　あらわす　ことば	2	○音を表す言葉 (擬音語) について理解する。 ○様子を表す言葉 (擬態語) について理解する。 ○60・61 ページの設問に取り組む。	

| 2年 | 学図 | | 教科書【上】：p.62〜63　配当時数：2時間　配当月：6月 |

ことばを　うけとめよう

どう　言えば　いいかな

主領域　A話すこと・聞くこと
関連する道徳の内容項目　B親切，思いやり／友情，信頼　C公正，公平，社会正義

到達目標

≫知識・技能
○言葉には，事物の内容を表す働きや，経験したことを伝える働きがあることに気づくことができる。
○新しく習う漢字を正しく読んだり書いたりすることができる。

≫思考・判断・表現
○相手に応じて声の大きさや速さなどを工夫することができる。

≫主体的に学習に取り組む態度　　※「主体的に学習に取り組む態度」は方向目標を示しています。
○友達との接し方を考えて話そうとする。

評価規準

≫知識・技能
○事象を話したり経験したことを話したりしている。
○新しく習う漢字を正しく読んだり書いたりしている。
　　　　　　　　　　　　　　　　　　　　　　　　　　●対応する学習指導要領の項目：(1) ア，エ

≫思考・判断・表現
○相手に応じて話し方を工夫して話している。
　　　　　　　　　　　　　　　　　　　　　　　　　　●対応する学習指導要領の項目：A (1) ウ

≫主体的に学習に取り組む態度
○みんなが笑顔になるような話し方を考えようとしている。

学習活動

小単元名	時数	学習活動	学習の過程
どう　言えば　いいかな	2	○62 ページを読んで，どう言えば二人とも笑顔になれるか話し合う。 ○話題を選んで，笑顔になるような話し方を工夫して話す。	表現　共有

| 2年 | 学図 | 教科書【上】：p.64〜65　配当時数：2時間　配当月：6月 |

文しょうの　書き方・まとめ方

げんこうようしの　つかい方

主領域　B書くこと

到達目標

≫知識・技能
○言葉の表記のきまりを理解し文や文章の中で使うとともに，平仮名及び片仮名を読み，書くことができる。
○文の中における主語と述語との関係に気づくことができる。

≫思考・判断・表現
○文章を読み返す習慣をつけるとともに，間違いを正したり，語と語，文と文の続き方を確かめたりすることができる。

≫主体的に学習に取り組む態度　※「主体的に学習に取り組む態度」は方向目標を示しています。
○原稿用紙の使い方を知り，正しい書き方で書こうとする。

評価規準

≫知識・技能
○原稿用紙の使い方を知り，原稿用紙に書いている。
○主語と述語が整った文を書いている。
　　　　　　　　　　　　　　　　　　　　　　　　　　　● 対応する学習指導要領の項目：(1) ウ，カ

≫思考・判断・表現
○これまでに書いた作文を読み返し，間違いを直したり文の意味がわかるようになっているかなどを確かめたりしている。
　　　　　　　　　　　　　　　　　　　　　　　　　　　● 対応する学習指導要領の項目：B (1) エ

≫主体的に学習に取り組む態度
○原稿用紙の使い方を知り，正しい書き方で書き直そうとしている。

学習活動

小単元名	時数	学習活動	学習の過程
げんこうようしの　つかい方	2	○原稿用紙の使い方を知る。	考えの形成
		○これまで書いた作文を読み返し，間違いを正したり，語と語，文と文の続き方を確かめて書き直している。	記述　推敲

| 2年 | 学図 | | 教科書【上】：p.66〜66　配当時数：2時間　配当月：6月 |

ことばで　あそぼう

関連する道徳の内容項目　C伝統と文化の尊重，国や郷土を愛する態度

到達目標

≫知識・技能

○長く親しまれている言葉遊びを通して，言葉の豊かさに気づくことができる。

≫主体的に学習に取り組む態度　※「主体的に学習に取り組む態度」は方向目標を示しています。

○「いろはうた」を声に出して読もうとする。

評価規準

≫知識・技能

○「いろはうた」を通して，日本語の言葉の豊かさに気づいている。

●対応する学習指導要領の項目：(3) イ

≫主体的に学習に取り組む態度

○「いろはうた」を声に出して読んでいる。

学習活動

小単元名	時数	学習活動	学習の過程
ことばで　あそぼう	2	○「いろはうた」を声に出して読み，気づいたことを話し合う。 ○「いろはうた」に使われている文字について知り，気づいたことを話し合う。	

| 2年 | 学図 |

教科書【上】：p.67～67　配当時数：3時間　配当月：6月

かん字の　ひろば　2

一年生で　学んだ　かん字の　読みかえ

到達目標

≫知識・技能

○第1学年に配当されている漢字を書き，文や文章の中で使うことができる。

≫主体的に学習に取り組む態度　※「主体的に学習に取り組む態度」は方向目標を示しています。

○1年生で習った漢字の読みかえを学習し，正しく読み書きしようとする。

評価規準

≫知識・技能

○1年生で習った漢字の読みかえを文の中で正しく読み書きしている。

● 対応する学習指導要領の項目：(1) エ

≫主体的に学習に取り組む態度

○1年生で習った漢字の読みかえを学習し，正しく読み書きしている。

学習活動

小単元名	時数	学習活動	学習の過程
一年生で　学んだ　かん字の　読みかえ	3	○1年生で習った漢字を読みかえて，正しく読み書きする。	

| 2年 | 学図 |

教科書【上】：p.68〜71　配当時数：12時間　配当月：7月

4　ようすが　わかるように　書こう

ふだんの　できごとを　しょうかいしよう

主領域　B書くこと

到達目標

≫知識・技能

○言葉には，事物の内容を表す働きや，経験したことを伝える働きがあることに気づくことができる。

○言葉の表記のきまりを理解し文や文章の中で使うとともに，平仮名及び片仮名を読み，書くことができる。

○事柄の順序など情報と情報との関係について理解することができる。

○新しく習う漢字を正しく読んだり書いたりすることができる。

≫思考・判断・表現

○経験したことから書くことを見つけ，必要な事柄を集めたり確かめたりして，伝えたいことを明確にすることができる。

○自分の思いや考えが明確になるように，事柄の順序に沿って簡単な構成を考えることができる。

○語と語や文と文との続き方に注意しながら，内容のまとまりがわかるように書き表し方を工夫することができる。

○身近なことや経験したことなどを書く活動ができる。

≫主体的に学習に取り組む態度　※「主体的に学習に取り組む態度」は方向目標を示しています。

○日常生活の中で感じたことや思ったことから書くことを選び，紹介する文章に書こうとする。

評価規準

≫知識・技能

○出来事の内容や経験したことを表す言葉を選んでいる。

○言葉の表記のきまりを理解し，適切に使っている。

○いつ，誰が，どうしたかを順序に沿って整理している。

○新しく習う漢字を正しく読んだり書いたりしている。

● 対応する学習指導要領の項目：(1) ア，ウ，エ　(2) ア

≫思考・判断・表現

○普段の生活を書き留めた「たねカード」から書くことを決めている。

○書くことを，順序に沿って表に整理している。

○文と文との続き方に注意しながら，内容のまとまりごとに段落を分けるなど書き表し方を工夫している。

○普段の出来事を文章に書く活動をしている。

● 対応する学習指導要領の項目：B (1) ア，イ，ウ　(2) ア

≫主体的に学習に取り組む態度

○普段の生活の出来事や思ったことをまとめた「たねカード」から書くことを選び，みんなに紹介する文章に書こうとしている。

学習活動

小単元名	時数	学習活動	学習の過程
ふだんの　できごとを しょうかいしよう①	2	○普段の生活を書き留めた「たねカード」から書くことを決める。	題材の設定
ふだんの　できごとを しょうかいしよう②	2	○書くことを表に整理する。 ・出来事の順序に沿って，したことや思ったことをまとめる。	構成の検討
ふだんの　できごとを しょうかいしよう③	8	○紹介したいことを文章に書く。 ・いつ，誰が，どうしたかを順序に沿って書く。 ・出来事の様子を詳しく書く。 ・会話文を入れるなど，様子がよくわかるように工夫する。	記述
		○書き終えたら読み返して，間違いはないか，わかりやすく書けて いるかなどを確かめる。	記述　推敲

| 2年 | 学図 | 教科書【上】：p.72〜72　配当時数：1時間　配当月：7月 |

ことばを　つないで　文を　つくろう　1

1年生で　ならった　かん字①

主領域　B書くこと

到達目標

≫知識・技能
○第1学年までに配当されている漢字を，文や文章の中で使うことができる。

≫思考・判断・表現
○語と語や文と文との続き方に注意しながら，絵や目的に合った文を書くことができる。

≫主体的に学習に取り組む態度　※「主体的に学習に取り組む態度」は方向目標を示しています。
○72ページの言葉を使って，絵に合った文を書こうとする。

評価規準

≫知識・技能
○1年生で学習した漢字を使って文や文章を作っている。

● 対応する学習指導要領の項目：(1) エ

≫思考・判断・表現
○語と語や文と文との続き方に注意しながら，絵や目的に合った文を書いている。

● 対応する学習指導要領の項目：B (1) ウ

≫主体的に学習に取り組む態度
○72ページの言葉を使って，絵に合った文を書いている。

学習活動

小単元名	時数	学習活動	学習の過程
1年生で　ならった かん字①	1	○72ページの言葉を使って，絵の風景や様子を表す文を作る。	考えの形成　記述

| 2年 | 学図 | 教科書【上】：p.73〜89　配当時数：10時間　配当月：7月 |

読書に　したしもう

お話クイズ大会を　しよう／山の　としょかん／読書の　へや

主領域　C読むこと

到達目標

》知識・技能

○言葉には，事物の内容を表す働きや，経験したことを伝える働きがあることに気づくことができる。

○読書に親しみ，いろいろな本があることに気づくことができる。

○新しく習う漢字を正しく読んだり書いたりすることができる。

》思考・判断・表現

○場面の様子や登場人物の行動など，内容の大体を捉えることができる。

○場面の様子に着目して，登場人物の行動を具体的に想像することができる。

○文章を読んで感じたことやわかったことを共有することができる。

》主体的に学習に取り組む態度　　※「主体的に学習に取り組む態度」は方向目標を示しています。

○物語を読んで，「お話クイズ大会」を楽しもうとする。

評価規準

》知識・技能

○「山の　としょかん」を読んで，おばあさんが経験したことや出来事の様子を表す言葉を見つけている。

○いろいろな本に触れ，本を読み広げている。

○新しく習う漢字を正しく読んだり書いたりしている。

———● 対応する学習指導要領の項目：(1) ア，エ　(3) エ

》思考・判断・表現

○「山の　としょかん」を読んで内容を捉え，クイズを作っている。

○場面の移り変わりとともに変わっていくおばあさんの様子や気持ちを想像しながら読んでいる。

○物語全体からのクイズや，おもしろいと思ったことから作ったクイズを出し合っている。

———● 対応する学習指導要領の項目：C (1) イ，エ，カ

》主体的に学習に取り組む態度

○場面の移り変わりとともに変わっていくおばあさんの様子や気持ちを読んで，「お話クイズ大会」を楽しもうとしている。

学習活動

小単元名	時数	学習活動	学習の過程
お話クイズ大会を　しよう／山の　としょかん①	1	○クイズの３つのつくり方を理解し，「山の　としょかん」を読む。	構造と内容の把握
お話クイズ大会を　しよう／山の　としょかん②	1	○全文を読み，お話全体のクイズを作って出し合う。	構造と内容の把握
お話クイズ大会を　しよう／山の　としょかん③	5	○場面ごとに，おばあさんの様子や心情を想像しながら読み，クイズを作って出し合う。	精査・解釈
お話クイズ大会を　しよう／山の　としょかん④	2	○おもしろいと思ったことからクイズを作って出し合う。	考えの形成　共有
読書の　へや	1	○「読書の　へや」を参考にして，読みたい本を選んで読む。	

2年

143

| 2年 | 学図 |

教科書【上】：p.90～93　配当時数：2時間　配当月：9月

しをあじわおう

たべもの／いろんな　おとの　あめ

主領域　C読むこと

関連する道徳の内容項目　D自然愛護／感動，畏敬の念

到達目標

≫知識・技能
○言葉には，事物の内容を表す働きや，経験したことを伝える働きがあることに気づくことができる。
○語のまとまりや言葉の響きなどに気をつけて音読することができる。

≫思考・判断・表現
○詩の情景を具体的に想像することができる。
○文章の内容と自分の体験を結び付けて，感想をもつことができる。
○文章を読んで感じたことやわかったことを共有することができる。

≫主体的に学習に取り組む態度　　※「主体的に学習に取り組む態度」は方向目標を示しています。
○詩の言葉の響きやリズムを味わいながら音読を楽しもうとする。

評価規準

≫知識・技能
○言葉には，事物の内容を表す働きや，経験したことを伝える働きがあることに気づいている。
○語のまとまりや言葉の響きなどに気をつけて音読している。

● 対応する学習指導要領の項目：(1) ア，ク

≫思考・判断・表現
○それぞれの詩を読んで，浮かんできたイメージを自由に発表し合っている。
○詩に描かれている内容から自分の経験を思い出して感想をもっている。
○詩を読んで感じたことを友達と交流し，共有している。

● 対応する学習指導要領の項目：C (1) エ，オ，カ

≫主体的に学習に取り組む態度
○2つの詩の独特の表現やリズムを味わいながら音読を楽しんでいる。

学習活動

小単元名	時数	学習活動	学習の過程
たべもの／いろんな おとの　あめ	2	○それぞれの詩を読んで，浮かんできたイメージを自由に発表し合う。 ○それぞれの詩に描かれている情景や様子を思いうかべて，話し合う。 ○それぞれの詩を，リズムや言葉の響きに注意して，工夫して音読する。	精査・解釈

| 2年 | 学図 | 教科書【上】：p.94〜95　配当時数：2時間　配当月：9月 |

ことばの　きまり2

くわしくあらわすことば・さししめすことば

到達目標

≫知識・技能
○言葉には意味による語句のまとまりがあることに気づき，語彙を豊かにすることができる。
○新しく習う漢字を正しく読んだり書いたりすることができる。

≫主体的に学習に取り組む態度　※「主体的に学習に取り組む態度」は方向目標を示しています。
○くわしくする言葉や指し示す言葉に関心をもち，働きや使い方を調べようとする。

評価規準

≫知識・技能
○連体修飾語や指示語の働きを理解し，文の中で正しく使っている。
○新しく習う漢字を正しく読んだり書いたりしている。

● 対応する学習指導要領の項目：(1) エ，オ

≫主体的に学習に取り組む態度
○くわしくする言葉や指し示す言葉に関心をもち，働きや使い方を調べようとしている。

学習活動

小単元名	時数	学習活動	学習の過程
くわしくあらわすことば・さししめすことば	2	○94・95ページの設問に取り組み，ものをくわしく表す言葉の働きと使い方を考える。 ・色，大きさ，形などに目を向けると，どんな風船かがよくわかることに気づく。 ○指し示す言葉の働きと使い方がわかる。 ・指し示す言葉を使って話をする。	

| 2年 | 学図 | | 教科書【上】：p.96〜103　配当時数：10時間　配当月：9月 |

5 せつ明のじゅんじょを考えて読もう

食べるのは，どこ

主領域　C読むこと

関連する道徳の内容項目　D自然愛護

到達目標

》知識・技能

○言葉には，事物の内容を表す働きがあることに気づくことができる。

○新しく習う漢字を正しく読んだり書いたりすることができる。

》思考・判断・表現

○時間的な順序や事柄の順序を考えながら，内容の大体を捉えることができる。

○文章を読んで感じたことやわかったことを共有することができる。

○事物の仕組みを説明した文章を読み，わかったことや考えたことを述べる活動ができる。

》主体的に学習に取り組む態度　※「主体的に学習に取り組む態度」は方向目標を示しています。

○野菜についての説明に関心をもち，順序を考えて詳しく読もうとする。

評価規準

》知識・技能

○「食べるのは，どこ」を読んで，事物の内容を表す言葉を見つけている。

○新しく習う漢字を正しく読んだり書いたりしている。

● 対応する学習指導要領の項目：(1) ア，エ

》思考・判断・表現

○説明されている事柄を，順序に気をつけて読み，説明内容をまとめている。

○ほかの野菜と落花生を比べ，気づいたことや驚いたことを話し合っている。

○「食べるのは，どこ」を読んで，わかったことを発表している。

● 対応する学習指導要領の項目：C (1) ア，カ　(2) ア

》主体的に学習に取り組む態度

○野菜についての説明に関心をもち，それぞれの特徴を詳しく読もうとしている。

学習活動

小単元名	時数	学習活動	学習の過程
食べるのは，どこ①	1	○文章と写真や絵を関連させて読み，説明のあらましをつかむ。	構造と内容の把握

食べるのは，どこ②	4	○まとまりごとに，説明の順序に注意して詳しく読む。	構造と内容の把握
		・話題提示と「問い」のまとまりを読む。 ・「どこを食べるのか」についての説明の部分を読む。	精査・解釈
		○詳しく読んだことをもとにして，説明の順序についてまとめる。	構造と内容の把握 考えの形成
食べるのは，どこ③	3	○どんな順序で説明されているのかを整理する。 ○整理したことをもとにして，説明の順序のわけを考えて話し合う。	構造と内容の把握 考えの形成
食べるのは，どこ④	2	○ほかの野菜と落花生を比べ，気づいたことや驚いたことを話し合う。	考えの形成　共有

| 2年 | 学図 |

教科書【上】：p.104～109　配当時数：11時間　配当月：9月

6 くらべて書こう

どこをくらべる？

主領域　B書くこと

到達目標

≫知識・技能

○言葉には，事物の内容を表す働きや，経験したことを伝える働きがあることに気づくことができる。

○言葉の表記のきまりを理解し文や文章の中で使うとともに，平仮名及び片仮名を読み，書くことができる。

○文の中における主語と述語との関係に気づくことができる。

○共通，相違など情報と情報との関係について理解することができる。

○新しく習う漢字を正しく読んだり書いたりすることができる。

≫思考・判断・表現

○語と語や文と文との続き方に注意しながら，内容のまとまりがわかるように書き表し方を工夫することができる。

○文章を読み返す習慣をつけるとともに，間違いを正したり，語と語や文と文との続き方を確かめたりすることができる。

○観察したことなどを書く活動ができる。

≫主体的に学習に取り組む態度　※「主体的に学習に取り組む態度」は方向目標を示しています。

○２つのものを比べ，似ているところや違うところを見つけて文章に書こうとする。

評価規準

≫知識・技能

○事物の内容を表す言葉を選んで使っている。

○横書きの書き方のきまりを理解して書いている。

○主語と述語が整った文を書いている。

○同じ事柄について，２つのものの共通点や相違点をまとめている。

○新しく習う漢字を正しく読んだり書いたりしている。

　　　　　　　　　　　　　　　　　　　　　● 対応する学習指導要領の項目：(1) ア，ウ，エ，カ　　(2) ア

≫思考・判断・表現

○２つのものを比べてわかったことを，組み立てを考えて，違いがわかるように工夫して文章に書いている。

○書いた文章を読み返して，わかりやすく書けたか確かめている。

○２つのものをよく観察して共通点や相違点を見つけて書いている。

　　　　　　　　　　　　　　　　　　　　　● 対応する学習指導要領の項目：B (1) ウ，エ　　(2) ア

≫主体的に学習に取り組む態度

○２つのものを比べ，似ているところや違うところを見つけて文章に書こうとしている。

149

学習活動

小単元名	時数	学習活動	学習の過程
どこをくらべる？①	2	○104ページ下段を読み，学習の流れとめあてを確かめる。	見通し
		○比べてみたいものを考えて出し合う。	情報の収集
どこをくらべる？②	3	○比べてみたいものの中から，書くものを決める。	題材の設定
		○比べた内容をカードに書き出す。 ○書いたカードを整理して，「くらべること」をはっきりさせて，表にまとめる。	構成の検討
どこをくらべる？③	4	○表をもとにして，組み立てを考えて文章にまとめる。 ・横書きのときの書き方に気をつける。	記述
どこをくらべる？④	2	○書いた文章を読み返して，わかりやすく書けたか確かめる。	推敲
		○友達と読み合い，よいところを見つけたり，感想を伝え合ったりする。	共有

| 2年 | 学図 | 教科書【上】：p.110～111　配当時数：2時間　配当月：10月 |

ことばの　いずみ　4

声に出してたしかめよう

到達目標

≫知識・技能

○音節と文字の関係，アクセントによる語の意味の違いなどに気づくとともに，姿勢や口形，発生や発音に注意して話すことができる。

○新しく習う漢字を正しく読んだり書いたりすることができる。

≫主体的に学習に取り組む態度　※「主体的に学習に取り組む態度」は方向目標を示しています。

○言葉の音数・アクセントに関心をもち，普段使う言葉で確かめようとする。

評価規準

≫知識・技能

○音の数・アクセントを理解し，正しい意味で使ったり，声に出して確かめたりしている。

○新しく習う漢字を正しく読んだり書いたりしている。

●対応する学習指導要領の項目：(1) イ，エ

≫主体的に学習に取り組む態度

○言葉の音数・アクセントに関心をもち，普段使う言葉で確かめている。

学習活動

小単元名	時数	学習活動	学習の過程
声に出してたしかめよう	2	○声に出して発音して，音の数を確かめる。 ○声に出して発音して，音の高い・低いの違いで意味が違うことを確かめる。	

| 2年 | 学図 | 教科書【上】：p.112～119　配当時数：6時間　配当月：10月 |

むかしのものがたりをたのしもう

ヤマタノオロチ

主領域　C読むこと

関連する道徳の内容項目　A善悪の判断，自律，自由と責任　C伝統と文化の尊重，国や郷土を愛する態度

到達目標

≫知識・技能

○昔話や神話・伝承などの読み聞かせを聞くなどして，我が国の伝統的な言語文化に親しむことができる。

○新しく習う漢字を正しく読んだり書いたりすることができる。

≫思考・判断・表現

○場面の様子や登場人物の行動など，内容の大体を捉えることができる。

○読み聞かせを聞いたり物語などを読んだりして，内容や感想などを伝え合ったり演じたりする活動ができる。

≫主体的に学習に取り組む態度　※「主体的に学習に取り組む態度」は方向目標を示しています。

○昔話に興味をもち，読み聞かせを聞くなどしておもしろいところを話し合ったり，ほかの昔話を探して読んだりしようとする。

評価規準

≫知識・技能

○教師の読み聞かせを聞き，昔話に親しんでいる。

○新しく習う漢字を正しく読んだり書いたりしている。

● 対応する学習指導要領の項目：(1) エ　(3) ア

≫思考・判断・表現

○「ヤマタノオロチ」のお話の展開や，スサノオノミコトの行動など，内容の大体を捉えている。

○教師の読み聞かせを聞き，感想を伝え合っている。

● 対応する学習指導要領の項目：C (1) イ　(2) イ

≫主体的に学習に取り組む態度

○昔話に興味をもち，読み聞かせを聞くなどしておもしろいところを話し合ったり，ほかの昔話を探して読んだりしようとしている。

学習活動

小単元名	時数	学習活動	学習の過程
ヤマタノオロチ①	1	○教師の読み聞かせを聞き，お話の大体をつかむ。	構造と内容の把握

152

ヤマタノオロチ②	4	○場面ごとに，登場人物や場面の様子を想像しながら読む。	精査・解釈
		○おもしろいと思ったところを話し合ったり，音読したりする。	考えの形成　共有
ヤマタノオロチ③	1	○ほかの神話や昔話を読んで，感想や似ているところを話し合う。	考えの形成　共有

| 2年 | 学図 | | 教科書【上】：p.120～120　配当時数：1時間　配当月：10月 |

ことばを　つないで　文を　作ろう　2

1年生で　ならった　かん字②

| 主領域 | B書くこと |

到達目標

≫知識・技能
○第１学年までに配当されている漢字を，文や文章の中で使うことができる。

≫思考・判断・表現
○語と語や文と文との続き方に注意しながら，絵や目的に合った文を書くことができる。

≫主体的に学習に取り組む態度　※「主体的に学習に取り組む態度」は方向目標を示しています。
○ 120 ページの言葉を使って，絵に合った文を書こうとする。

評価規準

≫知識・技能
○１年生で学習した漢字を使って文や文章を作っている。
●対応する学習指導要領の項目：(1) エ

≫思考・判断・表現
○語と語や文と文との続き方に注意しながら，絵や目的に合った文を書いている。
●対応する学習指導要領の項目：B (1) ウ

≫主体的に学習に取り組む態度
○ 120 ページの言葉を使って，絵に合った文を書いている。

学習活動

小単元名	時数	学習活動	学習の過程
１年生で　ならった　かん字②	1	○120 ページの言葉を使って，運動会の様子を表す文を作る。	考えの形成　記述

| 2年 | 学図 | 教科書【下】：p.1～1　配当時数：1時間　配当月：10月 |

いちばんぼし

主領域　C読むこと

関連する道徳の内容項目　D感動，畏敬の念

到達目標

》知識・技能
○言葉には，事物の内容を表す働きや，経験したことを伝える働きがあることに気づくことができる。
○語のまとまりや言葉の響きに気をつけて音読することができる。

》思考・判断・表現
○詩の情景に着目して，人物の行動を想像することができる。

》主体的に学習に取り組む態度　※「主体的に学習に取り組む態度」は方向目標を示しています。
○詩の情景が表れるように工夫して音読しようとする。

評価規準

》知識・技能
○「ぼく」がどんな体験をしたのか考えている。
○語のまとまりや言葉の響きに気をつけて音読している。

● 対応する学習指導要領の項目：(1) ア，ク

》思考・判断・表現
○「いちばんぼし」を読んで，その情景や「ぼく」の行動を想像している。

● 対応する学習指導要領の項目：C (1) エ

》主体的に学習に取り組む態度
○詩の情景が表れるように工夫して音読している。

学習活動

小単元名	時数	学習活動	学習の過程
いちばんぼし	1	○描かれている情景を思いうかべながら読む。 ○言葉の響きやリズムを楽しみながら音読する。	精査・解釈

155

| 2年 | 学図 | 教科書【下】：p.6〜11　配当時数：6時間　配当月：10月 |

1 作り方をたしかめながら読もう

とべとべ回れ

主領域　C読むこと

到達目標

≫知識・技能

○言葉には，事物の内容を表す働きがあることに気づくことができる。

○事柄の順序など情報と情報との関係について理解することができる。

○新しく習う漢字を正しく読んだり書いたりすることができる。

≫思考・判断・表現

○事柄の順序を考えながら，内容の大体を捉えることができる。

○文章の中の重要な語や文を考えて選び出すことができる。

○文章を読んでわかったことを共有することができる。

≫主体的に学習に取り組む態度　※「主体的に学習に取り組む態度」は方向目標を示しています。

○おもちゃ作りの説明文を，説明の順に的確におさえて読もうとする。

評価規準

≫知識・技能

○紙のとんぼの作り方を説明する言葉を見つけている。

○事柄の順序など情報と情報との関係について理解している。

○新しく習う漢字を正しく読んだり書いたりしている。

●対応する学習指導要領の項目：(1) ア，エ　(2) ア

≫思考・判断・表現

○紙のとんぼの作り方や遊び方を，順序をたしかめながら読んでいる。

○順序を表す言葉に注意して，説明の仕方をまとめている。

○説明に沿って紙のとんぼを作り，遊んでみた感想を伝え合っている。

●対応する学習指導要領の項目：C (1) ア，ウ，カ

≫主体的に学習に取り組む態度

○おもちゃの作り方を説明の順に読み，実際に作って遊ぼうとしている。

学習活動

小単元名	時数	学習活動	学習の過程
とべとべ回れ①	1	○全文を読み，説明のあらましをつかむ。 ・大きく３つのまとまりになっていることを確かめる。	構造と内容の把握

とべとべ回れ②	3	○まとまりごとに，順序や仕組みに注意して読みとる。	精査・解釈
		・「書き出し」部分と「用意するもの」の内容を読みとる。	
		・「作り方」について，説明の順序に気をつけてを読みとる。	
		・「あそび方」について読みとる。	
とべとべ回れ③	2	○順序を表す言葉に注意して，説明の仕方をまとめる。	構造と内容の把握
		○説明に沿って，紙のとんぼを作って遊ぶ。	考えの形成　共有

| 2年 | 学図 | 教科書【下】：p.12～15　配当時数：10 時間　配当月：10 月 |

しらべて書こう

作ってあそぼう

主領域　B 書くこと

到達目標

≫知識・技能
○言葉には，事物の内容を表す働きがあることに気づくことができる。
○事柄の順序など情報と情報との関係について理解することができる。
○読書に親しみ，いろいろな本があることを知ることができる。
○新しく習う漢字を正しく読んだり書いたりすることができる。

≫思考・判断・表現
○おもちゃの作り方がわかるように，事柄の順序に沿って簡単な構成を考えることができる。
○文と文との続き方に注意しながら，内容のまとまりがわかるように書き表し方を工夫することができる。
○文章に対する感想を伝え合い，自分の文章の内容や表現のよいところを見つけることができる。

≫主体的に学習に取り組む態度　　※「主体的に学習に取り組む態度」は方向目標を示しています。
○おもちゃの作り方を，順序がよくわかるように作り方に沿って書こうとする。

評価規準

≫知識・技能
○「ぶんぶんごま」の作り方を説明するために，言葉を選んでいる。
○作り方を説明するときに，順序を表す言葉を使うとよいことがわかっている。
○読書に親しみ，いろいろな本に触れている。
○新しく習う漢字を正しく読んだり書いたりしている。
　　　　　　　　　　　　　　　　　● 対応する学習指導要領の項目：(1) ア，エ　　(2) ア　　(3) エ

≫思考・判断・表現
○おもちゃの名前・特徴・用意するもののカードと作り方のカードを整理して，文章の構成を考えている。
○順序を表す言葉を使ったり，内容ごとに見出しを立てる工夫をしたりして，作り方を説明する文章を書いている。
○書いた文章を友達と読み合い，よいところを見つけたり，感想を伝え合ったりしている。
　　　　　　　　　　　　　　　　　　　　　　● 対応する学習指導要領の項目：B (1) イ，ウ，オ

≫主体的に学習に取り組む態度
○自分が説明したいおもちゃの作り方を思い出し，順序がよくわかるように作り方に沿って書こうとしている。

学習活動

小単元名	時数	学習活動	学習の過程
作ってあそぼう①	2	○「順序がわかる言葉を使って作り方を説明する文章を書く」という学習のめあてをつかむ。	見通し
		○説明したいおもちゃの作り方を思い出す。	情報の収集
作ってあそぼう②	2	○作り方を紹介するうえで必要な事柄を集めてカードに書く。	題材の設定
		・「おもちゃの名前」「特徴」「用意するもの」などを書き出す。 ・作り方を箇条書きにする。	構成の検討
作ってあそぼう③	4	○カードをもとにして，組み立てを考えて文章にまとめる。 ・順序を表す言葉を適切に使う。	記述
作ってあそぼう④	2	○書いた文章を読み返して，わかりやすく書けたか確かめる。	推敲
		○友達と読み合い，よいところを見つけたり，感想を伝え合ったりする。	共有

| 2年 | 学図 | | 教科書【 下 】：p.16〜17　配当時数：1 時間　配当月：10 月 |

きせつのたより

あき

到達目標

》知識・技能
○言葉には，意味による語句のまとまりがあることに気づき，語彙を豊かにすることができる。

》主体的に学習に取り組む態度　※「主体的に学習に取り組む態度」は方向目標を示しています。
○季節に対するものの見方や感じ方に注意して，秋を表す言葉や情景について考えようとする。

評価規準

》知識・技能
○教科書の絵の中から秋に関わる様子や情景を表す語句を探し，文章の中で使うとともに語彙を豊かにしている。

● 対応する学習指導要領の項目：(1) オ

》主体的に学習に取り組む態度
○季節に対するものの見方や感じ方に注意して，秋らしいものを見つけ，思ったことを書いている。

学習活動

小単元名	時数	学習活動	学習の過程
あき	1	○秋に関わる言葉について話し合う。 ○身の回りにある秋らしいものを見つけて，カードに書き，紹介し合う。	

| 2年 | 学図 |

教科書【下】：p.18〜19　配当時数：3時間　配当月：10月

みんなにつたえよう
がんばってるよ，こんなこと

主領域　A話すこと・聞くこと

2年

到達目標

》知識・技能

○言葉には，事物の内容を表す働きや，経験したことを伝える働きがあることに気づくことができる。

○姿勢や口形，発声や発音に注意して話すことができる。

○新しく習う漢字を正しく読んだり書いたりすることができる。

》思考・判断・表現

○身近なことや経験したことなど話題を決め，伝え合うために必要な事柄を選ぶことができる。

○伝えたい事柄や相手に応じて，声の大きさや速さなどを工夫することができる。

○話し手が知らせたいことや自分が聞きたいことを落とさないように集中して聞き，話の内容を捉えて感想をもつことができる。

》主体的に学習に取り組む態度　※「主体的に学習に取り組む態度」は方向目標を示しています。

○友達の前で，自分ががんばっていることを話そうとする。

評価規準

》知識・技能

○今，自分ががんばっていることを伝えるために，言葉を選んでいる。

○みんなの前で話すときの姿勢や口形，発声や発音に注意している。

○新しく習う漢字を正しく読んだり書いたりしている。

●対応する学習指導要領の項目：(1) ア，イ，エ

》思考・判断・表現

○がんばっていることを思い出し，話す内容を決めている。

○声の大きさや話す速さを工夫して話している。

○友達と話を聞き合い，質問や感想を伝え合っている。

●対応する学習指導要領の項目：A (1) ア，ウ，エ

》主体的に学習に取り組む態度

○友達の前で，自分ががんばっていることを話そうとしている。

161

学習活動

小単元名	時数	学習活動	学習の過程
がんばってるよ，こんなこと	3	○今，自分ががんばっていることを思い出し，話す内容を決める。	話題の設定
		○声の大きさや話す速さを工夫してスピーチする。 ○質問や感想を伝え合う。	表現　共有

| 2年 | 学図 | 教科書【下】：p.20～31　配当時数：10 時間　配当月：11 月 |

2 したことのわけをそうぞうして読もう

きつねのおきゃくさま

主領域　C読むこと

関連する道徳の内容項目　A善悪の判断，自律，自由と責任　B親切，思いやり

到達目標

》知識・技能

○文の中における主語と述語との関係に気づくことができる。

○語のまとまりや言葉の響きなどに気をつけて音読することができる。

○共通，相違，事柄の順序など情報と情報との関係について理解することができる。

○新しく習う漢字を正しく読んだり書いたりすることができる。

》思考・判断・表現

○場面の様子や登場人物の行動など，内容の大体を捉えることができる。

○場面の様子に着目して，登場人物の行動を具体的に想像することができる。

○文章の内容と自分の体験とを結び付けて，感想をもつことができる。

○文章を読んで感じたことやわかったことを共有することができる。

》主体的に学習に取り組む態度　※「主体的に学習に取り組む態度」は方向目標を示しています。

○物語の展開を捉え，場面の移り変わりとともに変わっていくきつねの様子や気持ちを読もうとする。

評価規準

》知識・技能

○主語が省略されている文について，誰がしたこと，言ったことなのかを考えている。

○語のまとまりや言葉の響きなどに気をつけて音読している。

○物語の，同じ展開の繰り返しを理解している。

○新しく習う漢字を正しく読んだり書いたりしている。

● 対応する学習指導要領の項目：(1) エ，カ，ク　(2) ア

》思考・判断・表現

○出てくる人物の様子や行動，出来事など，内容の大体を捉えている。

○場面の移り変わりとともに変わっていくきつねの様子や気持ちを，具体的に想像している。

○きつねの心情とその変化を整理するとともに，ひよこたちの心情とその変化を整理している。

○登場人物に話しかけたいことを書き，友達と伝え合っている。

● 対応する学習指導要領の項目：C (1) イ，エ，オ，カ

》主体的に学習に取り組む態度

○きつねと「おきゃくさま」たちとのかかわりを捉え，場面の移り変わりとともに変わっていくきつねの様子や気持ちを読もうとしている。

163

学習活動

小単元名	時数	学習活動	学習の過程
きつねのおきゃくさま ①	1	○全文を読んで，あらすじを捉え，初発の感想をもつ。	構造と内容の把握
きつねのおきゃくさま ②	6	○場面ごとに，情景や，きつねと「おきゃくさま」の様子や心情を想像しながら読む。 ・「おきゃくさま」は，誰が，どの順番で出てきたか確かめる。 ・場面の移り変わりと，人物の心情の変化をまとめる。	精査・解釈
きつねのおきゃくさま ③	3	○きつねの心情とその変化を整理する。 ○ひよこたちの心情とその変化を整理する。 ○登場人物に話しかけたいことを書き，友達と伝え合う。	考えの形成　共有

| 2年 | 学図 | 教科書【下】：p.32～33　配当時数：2時間　配当月：11月 |

文しょうの書き方・まとめ方

組み立てを考えよう

主領域 B書くこと

到達目標

≫知識・技能

○文の中における主語と述語の関係に気づくことができる。

○新しく習う漢字を正しく読んだり書いたりすることができる。

≫思考・判断・表現

○内容のまとまりがわかるように書き表し方を工夫することができる。

○文章を読み返す習慣を付けるとともに，間違いを正したり，語と語や文と文との続き方を確かめたりすることができる。

≫主体的に学習に取り組む態度　※「主体的に学習に取り組む態度」は方向目標を示しています。

○組み立てに気をつけて，まとまりよく文章を書こうとする。

評価規準

≫知識・技能

○主語と述語が整った文を書いている。

○新しく習う漢字を正しく読んだり書いたりしている。

● 対応する学習指導要領の項目：(1) エ，カ

≫思考・判断・表現

○たいやきの「あたま」「おなか」「しっぽ」のまとまりになるように，文章の組み立てを考えている。

○書いた文章を読み返し，間違いを正したり，まとまりがわかるような組み立てになっているかを確かめたりしている。

● 対応する学習指導要領の項目：B (1) ウ，エ

≫主体的に学習に取り組む態度

○組み立てに気をつけて，まとまりよく文章を書こうとしている。

学習活動

小単元名	時数	学習活動	学習の過程
組み立てを考えよう	2	○教科書の文を，組み立てに気をつけて並べ替える。	構成の検討
		○日常生活から題材を選び，組み立てに気をつけて文章を書く。	記述
		○書いた作品を読み返し，間違いを正したり，組み立てを確かめたりする。	推敲

| 2年 | 学図 | 教科書【下】：p.34〜35　配当時数：2時間　配当月：11月 |

ことばのきまり1

文のおしまいのひょうげん

到達目標

》知識・技能
○文末表現に表れる意味について理解することができる。
○丁寧な言葉と普通の言葉との違いに気をつけて使うことができる。
○新しく習う漢字を正しく読んだり書いたりすることができる。

》主体的に学習に取り組む態度　※「主体的に学習に取り組む態度」は方向目標を示しています。
○文末表現に関心をもち，意味を考えて文の中で使おうとする。

評価規準

》知識・技能
○文末表現に表れる意味について理解し，文章表現に生かしている。
○丁寧な言葉と普通の言葉との違いに気をつけて使っている。
○新しく習う漢字を正しく読んだり書いたりしている。

● 対応する学習指導要領の項目：(1) ウ，エ，キ

》主体的に学習に取り組む態度
○文末表現や語の組み立てに関心をもち，意味を考えて文の中で使おうとしている。

学習活動

小単元名	時数	学習活動	学習の過程
文のおしまいのひょうげん	2	○反対を表す表現を理解する。 ○動きを詳しくする表現を理解する。 ○常体の文と敬体の文との違いがわかる。	

| 2年 | 学図 | | 教科書【下】：p.36〜36　配当時数：1時間　配当月：11月 |

ことばであそぼう1

関連する道徳の内容項目　C伝統と文化の尊重，国や郷土を愛する態度

到達目標

≫知識・技能
○長く親しまれている言葉遊びを通して，言葉の豊かさに気づくことができる。

≫主体的に学習に取り組む態度　※「主体的に学習に取り組む態度」は方向目標を示しています。
○言葉に着目して，言葉遊びを楽しもうとする。

評価規準

≫知識・技能
○長く親しまれている言葉遊びを通して，言葉の豊かさに気づいている。

●対応する学習指導要領の項目：(3) イ

≫主体的に学習に取り組む態度
○言葉に着目して，言葉遊びを楽しもうとしている。

学習活動

小単元名	時数	学習活動	学習の過程
ことばであそぼう　1	1	○文中に隠れている言葉（ねこ，かぶとむし）を見つける。 ○回文を理解し，楽しむ。 ○早口言葉を楽しむ。	

| 2年 | 学図 | | 教科書【下】：p.37〜37　配当時数：1時間　配当月：11月 |

ことばをつないで文を作ろう1

1年生でならったかん字①

主領域　B書くこと

到達目標

》知識・技能
○第1学年までに配当されている漢字を，文や文章の中で使うことができる。

》思考・判断・表現
○語と語や文と文との続き方に注意しながら，絵や目的に合った文を書くことができる。

》主体的に学習に取り組む態度　　※「主体的に学習に取り組む態度」は方向目標を示しています。
○37ページの言葉を使って，絵に合った文を書こうとする。

評価規準

》知識・技能
○1年生で学習した漢字を使って文や文章を作っている。

対応する学習指導要領の項目：(1)エ

》思考・判断・表現
○語と語や文と文との続き方に注意しながら，絵や目的に合った文を書いている。

対応する学習指導要領の項目：B(1)ウ

》主体的に学習に取り組む態度
○37ページの言葉を使って，絵に合った文を書いている。

学習活動

小単元名	時数	学習活動	学習の過程
1年生でならったかん字①	1	○37ページの数を表す言葉を使って，絵の様子を表す文を作る。	考えの形成　記述

| 2年 | 学図 | 教科書【下】：p.38〜43　配当時数：12時間　配当月：11月 |

3 考えたものをはっぴょうしよう
こんなものがほしいなあ

| 主領域 | A話すこと・聞くこと |

到達目標

≫知識・技能
○言葉には，事物の内容を表す働きや，経験したことを伝える働きがあることに気づくことができる。

○丁寧な言葉と普通の言葉との違いに気をつけて使うことができる。

○事柄の順序など情報と情報との関係について理解することができる。

○新しく習う漢字を正しく読んだり書いたりすることができる。

≫思考・判断・表現
○相手に伝わるように，話す事柄の順序を考えることができる。

○話し手が知らせたいことを落とさないように集中して聞き，話の内容を捉えて感想をもつことができる。

○紹介したいことなどを話したり，それらを聞いて感想を述べたりする活動ができる。

≫主体的に学習に取り組む態度　※「主体的に学習に取り組む態度」は方向目標を示しています。
○「ほしいもの」を説明するために，欲しいと思ったものについて具体的に考えたりメモを作って発表の準備をしたりしようとする。

評価規準

≫知識・技能
○自分が考えたアイデアを説明するために，事物の内容を表す言葉や，経験したことを伝える言葉などを使っている。

○発表会で話すときは，丁寧な言葉遣いをしている。

○発表の順序を考えて，発表メモを作っている。

○新しく習う漢字を正しく読んだり書いたりしている。

● 対応する学習指導要領の項目：(1) ア，エ，キ　(2) ア

≫思考・判断・表現
○「ほしいもの」について考えをまとめ，話す順序を考えている。

○話し手の「ほしいもの」がどんなものか集中して聞き，それに対して感想をもっている。

○発表会で，自分が欲しいものを話したり友達が欲しいものを聞いたりして，感想を伝え合っている。

● 対応する学習指導要領の項目：A (1) イ，エ　(2) ア

≫主体的に学習に取り組む態度
○「ほしいもの」を説明するために，欲しいと思ったものについて具体的に考えたりメモを作って発表の準備をしたりしている。

学習活動

小単元名	時数	学習活動	学習の過程
こんなものがほしいなあ①	1	○38ページ下段を読み，学習のめあてと流れを確かめる。	見通し
		・普段の生活の中で，「こんなものがあったらいいな」と思ったことがないか，思い出す。	情報の収集 話題の設定
こんなものがほしいなあ②	4	○「ほしいもの」を考えて絵にかき，特徴がわかるような名前をつける。 ・「あったらいいな」と思うものの中から1つを選んで，具体的にどんなものかを考える。	情報の収集 話題の設定
こんなものがほしいなあ③	4	○発表メモを作る。 ・欲しいものの名前，欲しい理由，使い方の説明，便利な点，注意点などをメモにまとめる。	構成の検討
こんなものがほしいなあ④	3	○発表会を開く。 ・聞いている人は，わからないことなどを質問したり，よいと思ったところを伝えたりする。	表現　共有

| 2年 | 学図 | 教科書【下】：p.44〜51　配当時数：10時間　配当月：11〜12月 |

4 一日のながれを読もう

水ぞくかんのしいくいん

主領域　C読むこと

到達目標

≫知識・技能

○言葉には，事物の内容を表す働きや，経験したことを伝える働きがあることに気づくことができる。

○敬体で書かれた文章に慣れることができる。

○語のまとまりや言葉の響きなどに気をつけて音読することができる。

○事柄の順序など情報と情報との関係について理解することができる。

○新しく習う漢字を正しく読んだり書いたりすることができる。

≫思考・判断・表現

○文章の中の重要な語や文を考えて選び出すことができる。

○文章の内容と自分の体験とを結び付けて，感想をもつことができる。

○文章を読んで感じたことやわかったことを共有することができる。

○事物の仕組みを説明した文章などを読み，わかったことや考えたことを述べる活動ができる。

≫主体的に学習に取り組む態度　※「主体的に学習に取り組む態度」は方向目標を示しています。

○水族館の飼育員の仕事に関心をもち，順序を考えて詳しく読もうとする。

評価規準

≫知識・技能

○飼育員の仕事の内容や，日々の出来事を表す言葉を見つけている。

○敬体で書かれた文章を読み慣れている。

○読点で区切ったり，言葉のまとまりで区切ったりして音読している。

○飼育員の仕事の順序など情報と情報との関係について理解している。

○新しく習う漢字を正しく読んだり書いたりしている。

●対応する学習指導要領の項目：(1) ア，エ，キ，ク　(2) ア

≫思考・判断・表現

○飼育員の仕事について，時間ごとの内容を表す語を選び書き出している。

○説明されている事柄を，順序に気をつけて読み，説明内容をまとめている。

○「水ぞくかんのしいくいん」を読んで思ったことやわかったことを友達と交流し，共有している。

○飼育員の仕事を知って，思ったことや考えたことを伝え合っている。

●対応する学習指導要領の項目：C (1) ウ，オ，カ　(2) ア

≫主体的に学習に取り組む態度

○水族館の飼育員の仕事に関心をもち，順序を考えて詳しく読もうとしている。

学習活動

小単元名	時数	学習活動	学習の過程
水ぞくかんのしいくいん①	1	○全文を読んで説明のあらましをつかむ。	構造と内容の把握
水ぞくかんのしいくいん②	6	○まとまりごとに，説明の順序に注意して詳しく読む。 ・第1段落から，飼育員の，大きく分けて2つの仕事を読み取る。 ・時間の流れに沿って，1日の仕事を読む。	精査・解釈
水ぞくかんのしいくいん③	1	○詳しく読んだことをもとに，飼育員の1日の仕事内容を整理して表にまとめる。	考えの形成
水ぞくかんのしいくいん④	2	○飼育員の仕事を知って，思ったことや考えたことを伝え合う。	共有

| 2年 | 学図 | | 教科書【下】：p.52～53　配当時数：6時間　配当月：12月 |

ゆたかにひょうげんしよう
したことを生き生きと

| 主領域 | B書くこと |

| 関連する道徳の内容項目 | C勤労，公共の精神 |

2年

到達目標

≫知識・技能
○言葉には，事物の内容を表す働きや，経験したことを伝える働きがあることに気づくことができる。
○身近なことを表す語の量を増やし，話や文章の中で使うことができる。

≫思考・判断・表現
○経験したことから書くことを見つけ，必要な事柄を集めたり確かめたりして，伝えたいことを明確にすることができる。
○文章に対する感想を伝え合い，自分の文章の内容や表現のよいところを見つけることができる。

≫主体的に学習に取り組む態度　※「主体的に学習に取り組む態度」は方向目標を示しています。
○日常生活の中でしたことから題材を見つけ，表現を工夫して詩を書こうとする。

評価規準

≫知識・技能
○したことや経験したことを表す言葉を選んでいる。
○身近なことを表す語の量を増やし，詩の中で使っている。

● 対応する学習指導要領の項目：(1) ア，オ

≫思考・判断・表現
○日常生活の中で心に残っていることなど，詩に書きたい出来事を思い出している。
○書いた詩を読み合い，感想を伝え合っている。

● 対応する学習指導要領の項目：B (1) ア，オ

≫主体的に学習に取り組む態度
○日常生活の中でしたことから題材を見つけ，音や様子を表す言葉を使って詩を書こうとしている。

学習活動

小単元名	時数	学習活動	学習の過程
したことを生き生きと①	2	○「音や様子を表す言葉で表現する」という学習のめあてをつかむ。 ・「おふろそうじをしたよ」を読み，書き方を確かめる。	題材の設定

173

したことを生き生きと②	4	○日常生活の中で心に残っていることなど，詩に書きたい出来事を思い出す。	題材の設定 情報の収集
		○詳しく思い出したことをもとにして，表現を工夫して詩を書く。	記述　推敲
		○書いた詩を読み合い，感想を伝え合う。	共有

| 2年 | 学図 | 教科書【下】：p.54〜67　配当時数：10時間　配当月：12月 |

5 場めんのようすと人ぶつのしたことを読もう

かさこじぞう

主領域　C読むこと

関連する道徳の内容項目　A正直，誠実　B親切，思いやり　C伝統と文化の尊重，国や郷土を愛する態度

到達目標

》知識・技能
○事柄の順序など情報と情報との関係について理解することができる。
○昔話を読み，我が国の伝統的な言語文化に親しむことができる。
○新しく習う漢字を正しく読んだり書いたりすることができる。

》思考・判断・表現
○場面の様子や登場人物の行動など，内容の大体を捉えることができる。
○場面の様子に着目して，登場人物の行動を具体的に想像することができる。
○文章の内容と自分の体験とを結び付けて，感想をもつことができる。

》主体的に学習に取り組む態度　※「主体的に学習に取り組む態度」は方向目標を示しています。
○昔話を読んで，場面や人物の様子などを思いうかべようとする。

評価規準

》知識・技能
○出来事の順に沿って物語の内容を理解している。
○「かさこじぞう」を読み，我が国の伝統的な言語文化に親しんでいる。
○新しく習う漢字を正しく読んだり書いたりしている。
● 対応する学習指導要領の項目：(1) エ　(2) ア　(3) ア

》思考・判断・表現
○場面ごとの様子やじいさまの行動など，内容の大体を捉えている。
○場面ごとの様子に着目して，じいさま，ばあさまやじぞうさまの行動を具体的に想像している。
○詳しく読んだことをもとに，お話の内容をまとめ，感想を手紙に書いている。
● 対応する学習指導要領の項目：C (1) イ，エ，オ

》主体的に学習に取り組む態度
○場面や人物の様子などを思いうかべながら「かさこじぞう」を読もうとしている。

学習活動

小単元名	時数	学習活動	学習の過程
かさこじぞう①	2	○全文を読んであらすじを捉え，絵を並べ替える。	構造と内容の把握

かさこじぞう②	6	○昔話独特の表現に着目し，人物の様子や人柄を想像しながら読む。	精査・解釈
		・ある年の大みそかのじいさまとばあさまの様子	
		・かさこを売りに行ったじいさまの様子や気持ち	
		・地蔵さまにかさこをかぶせたじいさまの様子や気持ち	
		・家に帰ったじいさまとばあさまの年越しの様子や気持ち	
		・かさこをかぶせてもらった地蔵さまの行動	
		・空ぞりを引いて帰っていく地蔵さまを見たじいさまとばあさまの気持ち	
かさこじぞう③	2	○詳しく読んだことをもとに，登場人物にあてた手紙を書き，発表し合う。	考えの形成　共有
		○お話の続きを考えてみる。	

| 2年 | 学図 | 教科書【下】：p.68〜68　配当時数：1時間　配当月：12月 |

かん字の広場

二年生で学ぶかん字／一年生で学んだかん字の読みかえ

到達目標

≫知識・技能

○第1学年に配当されている漢字を書いたり，第2学年に配当されている漢字を読み，漸次書き，文や文章の中で使ったりすることができる。

≫主体的に学習に取り組む態度　※「主体的に学習に取り組む態度」は方向目標を示しています。

○新しく学習した漢字や1年生で習った漢字の読みかえを読み書きしようとする。

評価規準

≫知識・技能

○1年生で習った漢字の読みかえを文の中で正しく読み書きしている。
○2年生で新しく習う漢字を正しく読んだり書いたりしている。

● 対応する学習指導要領の項目：(1) エ

≫主体的に学習に取り組む態度

○新しく学習した漢字や1年生で習った漢字の読みかえを読み書きしている。

学習活動

小単元名	時数	学習活動	学習の過程
二年生で　学ぶ　かん字／一年生で　学んだ　かん字の　読みかえ	1	○新出漢字を正しく読み書きする。 ○1年生で習った漢字を読みかえて，正しく読み書きする。	

| 2年 | 学図 | 教科書【下】：p.69〜69　配当時数：1時間　配当月：12月 |

ことばをつないで文を作ろう2

1年生でならったかん字②

主領域　B書くこと

到達目標

>> **知識・技能**

○第1学年までに配当されている漢字を，文や文章の中で使うことができる。

>> **思考・判断・表現**

○語と語や文と文との続き方に注意しながら，絵や目的に合った文を書くことができる。

>> **主体的に学習に取り組む態度**　※「主体的に学習に取り組む態度」は方向目標を示しています。

○69ページの言葉を使って，絵に合った文を書こうとする。

評価規準

>> **知識・技能**

○1年生で学習した漢字を使って文や文章を作っている。

● 対応する学習指導要領の項目：(1) エ

>> **思考・判断・表現**

○語と語や文と文との続き方に注意しながら，絵や目的に合った文を書いている。

● 対応する学習指導要領の項目：B (1) ウ

>> **主体的に学習に取り組む態度**

○69ページの言葉を使って，絵に合った文を書いている。

学習活動

小単元名	時数	学習活動	学習の過程
1年生でならったかん字②	1	○69ページの言葉を使って，お正月の様子を表す日記をつけるように文を作る。	考えの形成　記述

| 2年 | 学図 | 教科書【下】：p.70〜73　配当時数：3時間　配当月：12月 |

読書を広げよう

本の「おび」を作ろう／読書のへや

主領域 C読むこと

到達目標

≫知識・技能
○読書に親しみ，いろいろな本があることを知ることができる。

≫思考・判断・表現
○文章を読んで感じたことやわかったことを共有することができる。
○物語などを読んで内容や感想を伝え合う活動ができる。

≫主体的に学習に取り組む態度　※「主体的に学習に取り組む態度」は方向目標を示しています。
○「本のおび」を作ることに興味をもち，楽しみながら紹介文を書こうとする。

評価規準

≫知識・技能
○読書に親しみ，いろいろな本に触れている。

　　　　　　　　　　　　　　　　　　　　　　　　　● 対応する学習指導要領の項目：(3) エ

≫思考・判断・表現
○文章を読んで感じたことやわかったことを共有している。
○友達が読みたくなるように表現を工夫して紹介文を書いている。

　　　　　　　　　　　　　　　　　　　　● 対応する学習指導要領の項目：C (1) カ　　(2) イ

≫主体的に学習に取り組む態度
○「本のおび」を作ることに興味をもち，楽しみながら紹介文を書いている。

学習活動

小単元名	時数	学習活動	学習の過程
本の「おび」を作ろう	2	○「本のおび」の作り方を確かめる。	構造と内容の把握
		○好きなお話の「本のおび」を作って，交換して読み合い，感想を伝え合う。	考えの形成　共有
読書のへや	1	○「読書のへや」を参考にして，読みたい本を選んで読む。	

学図 　　　　　　　　　教科書【下】：p.74〜75　配当時数：1時間　配当月：1月

きせつのたより
ふゆ

到達目標

≫知識・技能
○言葉には，意味による語句のまとまりがあることに気づき，語彙を豊かにすることができる。

≫主体的に学習に取り組む態度　※「主体的に学習に取り組む態度」は方向目標を示しています。
○季節に対するものの見方や感じ方に注意して，冬を表す言葉や情景について考えようとする。

評価規準

≫知識・技能
○教科書の絵の中から冬に関わる様子や情景を表す語句を探し，文章の中で使うとともに語彙を豊かにしている。
　　　　　　　　　　　　　　　　　　　　　　　　　　　　　　　● 対応する学習指導要領の項目：(1) オ

≫主体的に学習に取り組む態度
○季節に対するものの見方や感じ方に注意して，冬らしいものを見つけ，思ったことを書いている。

学習活動

小単元名	時数	学習活動	学習の過程
ふゆ	1	○冬に関わる言葉について話し合う。 ○身の回りにある冬らしいものを見つけて，カードに書き，紹介し合う。	

| 2年 | 学図 |

教科書【下】：p.76〜77　配当時数：2時間　配当月：1月

みんなにつたえよう

こんなあそびをしたよ

| 主領域 | A話すこと・聞くこと

到達目標

≫知識・技能

○言葉には，事物の内容を表す働きや，経験したことを伝える働きがあることに気づくことができる。

○姿勢や口形，発声や発音に注意して話すことができる。

○新しく習う漢字を正しく読んだり書いたりすることができる。

≫思考・判断・表現

○伝えたい事柄や相手に応じて，声の大きさや速さなどを工夫することができる。

○話し手が知らせたいことや自分が聞きたいことを落とさないように集中して聞き，話の内容を捉えて感想をもつことができる。

≫主体的に学習に取り組む態度　※「主体的に学習に取り組む態度」は方向目標を示しています。

○冬休みやお正月にした遊びについて思い出し，友達に話そうとする。

評価規準

≫知識・技能

○冬休みやお正月にしたことを表す言葉を選んでいる。

○友達に話すとき，姿勢や口形，発声や発音に注意している。

○新しく習う漢字を正しく読んだり書いたりしている。

●対応する学習指導要領の項目：(1) ア，イ，エ

≫思考・判断・表現

○冬休みやお正月にした遊びについて，声の大きさや速さなど工夫して話している。

○冬休みやお正月にした遊びについて話したり聞いたりし，気づいたことを伝え合っている。

●対応する学習指導要領の項目：A (1) ウ，エ

≫主体的に学習に取り組む態度

○冬休みやお正月にした遊びについて友達に話したり，友達の話を聞いて質問したり感想を伝えたりしている。

学習活動

小単元名	時数	学習活動	学習の過程
こんなあそびをしたよ	2	○冬休みやお正月にした遊びについて思い出し，話すことを決める。	話題の設定 情報の収集
		○冬休みやお正月にした遊びについて話し，気づいたことを伝え合う。	表現　共有

| 2年 | 学図 | 教科書【下】：p.78〜85　配当時数：10 時間　配当月：1 月 |

6 かんけいをたしかめながら読もう
どんぐり

| 主領域 | C読むこと |

| 関連する道徳の内容項目 | D自然愛護 |

到達目標

≫知識・技能
○言葉には，事物の内容を表す働きや，経験したことを伝える働きがあることに気づくことができる。

○共通，相違，事柄の順序など情報と情報との関係について理解することができる。

○新しく習う漢字を正しく読んだり書いたりすることができる。

≫思考・判断・表現
○時間的な順序や事柄の順序などを考えながら，内容の大体を捉えることができる。

○文章の重要な語や文を考えて選び出すことができる。

○文章を読んで感じたことやわかったことを共有することができる。

○事物の仕組みを説明した文章を読み，わかったことや考えたことを述べる活動ができる。

≫主体的に学習に取り組む態度　　※「主体的に学習に取り組む態度」は方向目標を示しています。
○季節ごとのどんぐりの様子を，順序に沿って詳しく読もうとする。

評価規準

≫知識・技能
○「どんぐり」を読んで，どんぐりの様子について書かれた言葉や筆者が体験したことについて書かれた言葉を見つけている。

○季節の移り変わりとどんぐりの様子の関係を理解している。

○新しく習う漢字を正しく読んだり書いたりしている。

　　　　　　　　　　　　　　　　　　　　　　　　　　　● 対応する学習指導要領の項目：(1) ア，エ　　(2) ア

≫思考・判断・表現
○季節ごとの順序に沿って「どんぐり」を読み，説明のあらましをつかんでいる。

○説明の重要な言葉を選び出して，表にまとめている。

○「どんぐり」を読んでわかったことを友達と交流し，共有している。

○「どんぐり」を読んで，わかったことを図を使って整理し，どんぐりと動物の関係を説明している。

　　　　　　　　　　　　　　　　　　　　　● 対応する学習指導要領の項目：C (1) ア，ウ，カ　　(2) ア

≫主体的に学習に取り組む態度
○季節ごとのどんぐりと動物たちとの関係を，季節に沿って詳しく読もうとしている。

学習活動

小単元名	時数	学習活動	学習の過程
どんぐり①	2	○文章と図や写真を関連させて読み，説明のあらましをつかむ。 ・「問い」の文を見つけ，どんなことを説明した文章か考える。	構造と内容の把握
どんぐり②	5	○まとまりごとに，順序に注意して詳しく読む。 ・季節ごとのどんぐりの様子を，説明の順に詳しく読む。 ・84ページの表を参考に整理する。	精査・解釈
どんぐり③	3	○説明内容を図に整理して，どんぐりと動物たちとの関係を説明する。 ・85ページの図に書き込んで，関係を考える。	考えの形成

| 2年 | 学図 | 教科書【下】：p.86〜87　配当時数：2時間　配当月：1月 |

ことばのいずみ 1

なかまのことば

到達目標

≫知識・技能

○言葉には，意味による語句のまとまりがあることに気づき，語彙を豊かにすることができる。

○新しく習う漢字を正しく読んだり書いたりすることができる。

≫主体的に学習に取り組む態度　　※「主体的に学習に取り組む態度」は方向目標を示しています。

○仲間の言葉に関心をもち，身の回りから集めたり調べたりする。

評価規準

≫知識・技能

○家族の呼び方，方角と方向などの仲間の言葉について理解し，語彙を広げている。

○新しく習う漢字を正しく読んだり書いたりしている。

　　　　　　　　　　　　　　　　　　　　　　　　　● 対応する学習指導要領の項目：(1) エ，オ

≫主体的に学習に取り組む態度

○仲間の言葉に関心をもち，身の回りから集めたり調べたりしている。

学習活動

小単元名	時数	学習活動	学習の過程
なかまのことば	2	○「日や時間」の仲間の言葉を理解する。 ○「家族」の仲間の言葉を理解する。 ○「方角と方向（向き）」の仲間の言葉を理解する。 ○「教科」「季節」「色」「天気」などの仲間の言葉を理解する。	

| 2年 | 学図 | 教科書【下】：p.88〜93　配当時数：6時間　配当月：1〜2月 |

7 話し合ってまとめよう

やってごらん おもしろいよ

| 主領域 | A話すこと・聞くこと |

| 関連する道徳の内容項目 | B親切，思いやり／友情，信頼　C勤労，公共の精神 |

到達目標

≫知識・技能

○言葉には，事物の内容を表す働きや，経験したことを伝える働きがあることに気づくことができる。

○共通や相違，事柄の順序など情報と情報との関係について理解することができる。

≫思考・判断・表現

○相手に伝わるように，行動したことや経験したことに基づいて，話す事柄の順序を考えることができる。

○互いの話に関心をもち，相手の発言を受けて話をつなぐことができる。

○尋ねたり応答したりするなどして，少人数で話し合う活動ができる。

≫主体的に学習に取り組む態度　※「主体的に学習に取り組む態度」は方向目標を示しています。

○遊びを説明する活動に関心をもち，話題に沿って話し合おうとする。

評価規準

≫知識・技能

○遊びについて，内容を表す言葉や，経験したことを伝える言葉を選んでいる。

○説明のために準備するものと説明の順番の関係について理解している。

　　　　　　　　　　　　　　　　　　　　　　　　　　　　　　●対応する学習指導要領の項目：(1) ア　(2) ア

≫思考・判断・表現

○遊び方の説明がうまく1年生に伝わるように，説明する順番を考えている。

○「あそび大会」についての話し合いで，前の人の発言を受けて話をつなぎながら話し合っている。

○疑問点を質問したり答えたりして，グループで話し合っている。

　　　　　　　　　　　　　　　　　　　　　　　　　　　　　　●対応する学習指導要領の項目：A (1) イ，オ　(2) イ

≫主体的に学習に取り組む態度

○1年生に遊びを説明するために，説明するために準備するものや説明の順番など話題に沿って話し合おうとしている。

学習活動

小単元名	時数	学習活動	学習の過程
やってごらん おもしろ いよ①	2	○88ページ下段を読み，学習のめあてと流れを確かめる。	見通し
		○1年生にどんな遊びを教えるか，グループで話し合って決める。	話題の設定 内容の検討

やってごらん おもしろいよ②	2	○説明するために準備することと，説明の仕方について話し合う。 ○説明を分担して，順序よくわかりやすい説明をするために練習をする。	構成の検討 考えの形成
やってごらん おもしろいよ③	2	○「あそび大会」で，遊びの説明をする。 ・大事なことを落とさずに，聞き手にわかりやすいように工夫して説明する。 ・遊び方が伝わっているか，1年生の様子を確かめながら話す。	表現　共有

| 2年 | 学図 | 教科書【下】：p.94〜95　配当時数：2時間　配当月：2月 |

ことばのいずみ2

二つのかん字からできたことば

到達目標

》知識・技能

○熟語の構成について理解し，文章表現に生かすことができる。

○身近なことを表す語句の量を増し，話や文章の中で使い，語彙を豊かにすることができる。

○新しく習う漢字を正しく読んだり書いたりすることができる。

》主体的に学習に取り組む態度　　※「主体的に学習に取り組む態度」は方向目標を示しています。

○熟語の組み立てに関心をもち，意味を考えて文の中で使おうとする。

評価規準

》知識・技能

○熟語の4つの構成について理解し，文章表現に生かしている。

○身近なことを表す二字熟語について理解し，話や文章の中で使って語彙を増やしている。

○新しく習う漢字を正しく読んだり書いたりしている。

●対応する学習指導要領の項目：(1) エ，オ

》主体的に学習に取り組む態度

○熟語の組み立てに関心をもち，意味を考えて文の中で使おうとしている。

学習活動

小単元名	時数	学習活動	学習の過程
二つのかん字からできたことば	2	○「〜の○○」の組み立ての熟語を理解する。 ○「〜い○○」「〜な○○」の組み立ての熟語を理解する。 ○反対の意味の漢字を組み合わせた熟語を理解する。 ○似た意味の漢字を組み合わせた熟語を理解する。	

| 2年 | 学図 | 教科書【下】：p.96〜99　配当時数：12時間　配当月：2月 |

そうぞうを広げよう

何があったのかな

主領域　B書くこと

到達目標

》知識・技能

○言葉には，事物の内容を表す働きや，経験したことを伝える働きがあることに気づくことができる。

○文の中における主語と述語との関係に気づくことができる。

》思考・判断・表現

○想像したことから書くことを見つけ，必要な事柄を集めたり確かめたりして，伝えたいことを明確にすることができる。

○語と語や文と文との続き方に注意しながら，内容のまとまりがわかるように書き表し方を工夫することができる。

○文章に対する感想を伝え合い，自分の文章の内容や表現のよいところを見つけることができる。

○簡単な物語をつくるなど，感じたことや想像したことを書く活動ができる。

》主体的に学習に取り組む態度　　※「主体的に学習に取り組む態度」は方向目標を示しています。

○お話を作ることに興味をもち，楽しみながらお話を想像して書こうとする。

評価規準

》知識・技能

　○出来事や様子を表す言葉を選んでいる。

　○主語と述語が整った文を書いている。

　　　　　　　　　　　　　　　　　　　　　● 対応する学習指導要領の項目：(1) ア，カ

》思考・判断・表現

　○２つの絵を見て，真ん中の絵を想像し，出来事や様子を考えてどんなお話にしようか決めている。

　○３つの場面がうまくつながるように気をつけながら，内容ごとに段落を分けるなどの工夫をして書いている。

　○書いた文章を読んで感想を伝え合い，自分が作ったお話のよいところを見つけている。

　○３つの場面からなる簡単なお話を想像して書く活動をしている。

　　　　　　　　　　　　　　　　　● 対応する学習指導要領の項目：B (1) ア，ウ，オ　(2) ウ

》主体的に学習に取り組む態度

　○お話を作ることに興味をもち，楽しみながら真ん中の場面を考えてお話を書こうとしている。

学習活動

小単元名	時数	学習活動	学習の過程
何があったのかな①	3	○自分だけの話を作るという学習のめあてを理解する。	見通し
		○1と3の絵の登場人物，場面設定を考える。	情報の収集
		○2の場面ではどんなことがあったのか考え，想像したことを友達と伝え合う。	情報の収集　共有
何があったのかな②	1	○1の絵をもとに，書き出しを書く。	考えの形成　記述　推敲
何があったのかな③	4	○1の内容からつながるように，2の場面の話を書く。 ・2の場面では，どんな出来事があったのか，登場人物は誰か，どんなことをしてどんなことを話したのかなどを整理する。	考えの形成　記述　推敲
何があったのかな④	2	○3の絵をもとに，話を締めくくる。 ・2の場面を受けて，どんな結末になるのか考える。	考えの形成　記述　推敲
何があったのかな⑤	2	○書いたお話を読み合って，感想を伝え合う。	共有

| 2年 | 学図 | | 教科書【下】：p.100〜100　配当時数：1時間　配当月：2月 |

ことばであそぼう2

関連する道徳の内容項目　C伝統と文化の尊重，国や郷土を愛する態度

到達目標

≫知識・技能
○長く親しまれている言葉遊びを通して，言葉の豊かさに気づくことができる。

≫主体的に学習に取り組む態度　　※「主体的に学習に取り組む態度」は方向目標を示しています。
○言葉に着目して，言葉遊びを楽しもうとする。

評価規準

≫知識・技能
○長く親しまれている言葉遊びを通して，言葉の豊かさに気づいている。

●対応する学習指導要領の項目：(3) イ

≫主体的に学習に取り組む態度
○言葉に着目して，言葉遊びを楽しもうとしている。

学習活動

小単元名	時数	学習活動	学習の過程
ことばであそぼう2	1	○「桃栗三年柿八年」の意味を理解し，気づいたことを話し合う。 ○「にしむくさむらい」の意味を理解し，気づいたことを話し合う。 ○「十二支」の意味を理解し，気づいたことを話し合う。	

| 2年 | 学図 | | 教科書【下】：p.101〜101　配当時数：1 時間　配当月：2〜3 月 |

ことばをつないで文を作ろう 3

1年生でならったかん字③

主領域　B書くこと

到達目標

≫知識・技能
○第 1 学年までに配当されている漢字を，文や文章の中で使うことができる。

≫思考・判断・表現
○語と語や文と文との続き方に注意しながら，絵や目的に合った文を書くことができる。

≫主体的に学習に取り組む態度　　※「主体的に学習に取り組む態度」は方向目標を示しています。
○ 101 ページの言葉を使って，絵に合った文を書こうとする。

評価規準

≫知識・技能
○ 1 年生で学習した漢字を使って文や文章を作っている。
────────────────────────────● 対応する学習指導要領の項目：(1) エ

≫思考・判断・表現
○語と語や文と文との続き方に注意しながら，絵や目的に合った文を書いている。
────────────────────────────● 対応する学習指導要領の項目：B (1) ウ

≫主体的に学習に取り組む態度
○ 101 ページの言葉を使って，絵に合った文を書いている。
────────────────────────────●

学習活動

小単元名	時数	学習活動	学習の過程
1年生でならったかん字③	1	○101 ページの言葉を使って，絵の様子を表す文を作る。	考えの形成　記述

| 2年 | 学図 | 教科書【下】：p.102～113　配当時数：10時間　配当月：3月 |

8 かんそうをもって読もう

お手紙

| 主領域 | C読むこと |

| 関連する道徳の内容項目 | B親切，思いやり／友情，信頼 |

到達目標

》知識・技能

○言葉には，事物の内容を表す働きや，経験したことを伝える働きがあることに気づくことができる。

○語のまとまりや言葉の響きなどに気をつけて音読することができる。

》思考・判断・表現

○場面の様子に着目して，登場人物の行動を具体的に想像することができる。

○文章の内容と自分の体験とを結び付けて，感想をもつことができる。

○文章を読んで感じたことやわかったことを共有することができる。

○物語を読んで内容や感想などを伝え合ったり演じたりする活動ができる。

》主体的に学習に取り組む態度　　※「主体的に学習に取り組む態度」は方向目標を示しています。

○物語の初めと終わりに関心をもち，人物の気持ちを想像しながら読もうとする。

評価規準

》知識・技能

○「お手紙」を読んで，出来事や場面の様子を表す言葉を見つけている。

○語のまとまりや言葉の響きなどに気をつけて音読している。

● 対応する学習指導要領の項目：(1) ア，ク

》思考・判断・表現

○場面ごとに，がまくんやかえるくんの行動を具体的に想像している。

○自分が手紙を待っていたり書いたりした体験と結び付けて，物語について感想をもっている。

○「お手紙」を読んで感じたことを友達と交流し，共有している。

○どんなところから，がまくんとかえるくんの気持ちがわかるのか，感想を伝え合っている。

● 対応する学習指導要領の項目：C (1) エ，オ，カ　(2) イ

》主体的に学習に取り組む態度

○「お手紙」の初めと終わりの場面に着目し，その間の出来事や人物の心の動きを想像しながら読もうとしている。

学習活動

小単元名	時数	学習活動	学習の過程
お手紙①	2	○全文を読んで，おもしろいと思ったところを話し合う。	構造と内容の把握

お手紙②	6	○場面の様子を想像しながら，がまくんとかえるくんの様子や気持ちを読み取る。 ・がまくんが悲しんでいるわけを読む。 ・かえるくんががまくんにしてあげた優しい心遣いを読む。 ・手紙なんて来ないとあきらめているがまくんと，自分の書いた手紙が来るのを待っているかえるくんの会話のおもしろさと二人の様子を想像しながら読む。	精査・解釈
お手紙③	2	○物語の初めと終わりの人物の気持ちを考え，お手紙を待っているときの気持ちの違いを話し合う。 ・113ページの2つの絵の場面で考える。 ○どんなところから，がまくんとかえるくんの気持ちがわかるのか，感想を伝え合う。	考えの形成　共有

| 2年 | 学図 | 教科書【下】：p.114〜117　配当時数：6時間　配当月：3月 |

ことばをおくろう

知らせたいことをはがきに書こう

| 主領域 | B書くこと |

| 関連する道徳の内容項目 | B礼儀 |

到達目標

≫知識・技能

○言葉には，事物の内容を表す働きや，経験したことを伝える働きがあることに気づくことができる。

○言葉の表記のきまりを理解し文や文章の中で使うとともに，平仮名及び片仮名を読み，書くことができる。

≫思考・判断・表現

○文章を読み返す習慣を付けるとともに，間違いを正したり，語と語や文と文との続き方を確かめたりすることができる。

○手紙を書くなど，伝えたいことを書く活動ができる。

≫主体的に学習に取り組む態度　※「主体的に学習に取り組む態度」は方向目標を示しています。

○毎日の出来事の中から，知らせたいことを考えてはがきに書こうとする。

評価規準

≫知識・技能

○毎日の出来事や経験したことを伝える言葉を選んでいる。

○言葉の表記のきまりを理解してはがきを書いている。

　　　　　　　　　　　　　　　　　　　　　　　● 対応する学習指導要領の項目：(1) ア，ウ

≫思考・判断・表現

○書いた文章を読み返して，字の間違いを直したり，内容を確かめたりしている。

○手紙やはがきの形式に従って，知らせたいことをはがきに書いている。

　　　　　　　　　　　　　　　　　　　　　● 対応する学習指導要領の項目：B (1) エ　(2) イ

≫主体的に学習に取り組む態度

○毎日の出来事の中から，知らせたい相手と知らせたいことを考えてはがきに書こうとしている。

学習活動

小単元名	時数	学習活動	学習の過程
知らせたいことをはがきに書こう①	1	○はがきを出したい相手と，知らせたいことを考えて，メモに書く。	題材の設定 情報の収集

知らせたいことをはがきに書こう②	5	○出す相手と知らせたいことを決めて，手紙やはがきの形式に沿ってはがきに書く。	記述　推敲
		・「はじめ・中・終わり」の構成と，最後に日付と自分の名前を書く。 ・117ページではがきの宛名の書き方を確かめ，宛名を書く。	記述
		・書いたはがきと宛名を読み返し，必要なところを直す。	推敲

| 2年 | 学図 | 教科書【下】：p.118〜119　配当時数：1時間　配当月：3月 |

これからのあなたへ

山

| 主領域 | C読むこと |
| 関連する道徳の内容項目 | D感動，畏敬の念 |

到達目標

≫知識・技能
○言葉には，事物の内容を表す働きや，経験したことを伝える働きがあることに気づくことができる。

≫思考・判断・表現
○文章の内容と自分の体験とを結び付けて，感想をもつことができる。

≫主体的に学習に取り組む態度　※「主体的に学習に取り組む態度」は方向目標を示しています。
○美しいものや気高いものに触れ，詩の情景を想像しながら音読しようとする。

評価規準

≫知識・技能
○「山」を読んで，経験したことを表す言葉を見つけている。
　　　　　　　　　　　　　　　　　　　　　　　　　　　●対応する学習指導要領の項目：(1) ア

≫思考・判断・表現
○「山」を読んで，自分の体験と結び付けて感想をもっている。
　　　　　　　　　　　　　　　　　　　　　　　　　　　●対応する学習指導要領の項目：C (1) オ

≫主体的に学習に取り組む態度
○詩に描かれた情景や作者の思いをつかみ，音読している。

学習活動

小単元名	時数	学習活動	学習の過程
山	1	○描かれている情景を思いうかべる。 ○描かれた情景や作者の思いを想像しながら音読する。	考えの形成

| 2年 | 学図 | 教科書【下】：p.120〜120　配当時数：2時間　配当月：3月 |

ふりかえり

二年生をふりかえって

主領域　B書くこと

到達目標

≫知識・技能
○丁寧な言葉と普通の言葉との違いに気をつけて使うことができる。

≫思考・判断・表現
○自分の考えが明確になるように，簡単な構成を考えることができる。

○文章に対する感想を伝え合い，自分の文章の内容や表現のよいところを見つけることができる。

≫主体的に学習に取り組む態度　　※「主体的に学習に取り組む態度」は方向目標を示しています。
○１年間の学びをふり返り，今後の学習に生かそうとする。

評価規準

≫知識・技能
○１年間の学習でがんばったことや，これからも続けたいことを，敬体と常体の違いに注意しながら書いている。

●対応する学習指導要領の項目：(1) キ

≫思考・判断・表現
○自分の考えが明確になるように，簡単な構成を考えて書いている。

○書いた文章を友達と読み合い，感想を伝えている。

●対応する学習指導要領の項目：B (1) イ，オ

≫主体的に学習に取り組む態度
○１年間の学びをふり返り，今後の学習に生かそうとしている。

学習活動

小単元名	時数	学習活動	学習の過程
二年生をふりかえって①	1	○教科書をもとに，２年生の国語の学びをふり返り，がんばったことやこれからも続けたいことを伝え合う。	情報の収集　共有
二年生をふりかえって②	1	○120ページを参考に，国語の学習でがんばったことやこれからも続けたいことを書く。	記述　共有

MEMO

| 3年 | 学図 |

教科書【上】：p.1〜1　配当時数：1時間　配当月：4月

どきん

主領域　C読むこと

関連する道徳の内容項目　D感動，畏敬の念

到達目標

≫知識・技能

○言葉には考えたことや思ったことを表す働きがあることに気づくことができる。

○詩の内容の大体を意識しながら音読することができる。

≫思考・判断・表現

○詩に描かれている情景を具体的に思いうかべることができる。

≫主体的に学習に取り組む態度　※「主体的に学習に取り組む態度」は方向目標を示しています。

○国語の学習内容に興味をもち，詩を音読しようとする。

評価規準

≫知識・技能

○詩を読んで，考えたことや思ったことを表す言葉を見つけている。

○語のまとまりや言葉の響きに気をつけて音読している。

　　　　　　　　　　　　　　　　　　　　　●対応する学習指導要領の項目：(1) ア，ク

≫思考・判断・表現

○場面の様子や人物の心情を具体的に想像している。

　　　　　　　　　　　　　　　　　　　　　●対応する学習指導要領の項目：C (1) エ

≫主体的に学習に取り組む態度

○詩の内容の大体を意識しながら音読している。

学習活動

小単元名	時数	学習活動	学習の過程
どきん	1	○詩に描かれている様子や心情を思いうかべながら読む。 ・擬態語・擬音語が表している様子や心情を思いうかべる。 ・描かれている様子や心情が表れるように工夫して音読する。	精査・解釈

| 3年 | 学図 |

教科書【上】：p.14〜15　配当時数：2時間　配当月：4月

ことばでつながる
すごろくを作ろう

主領域　A話すこと・聞くこと

到達目標

≫知識・技能
○言葉には考えたことや思ったことを表す働きがあることに気づくことができる。
○相手を見て話したり聞いたりすることができる。

≫思考・判断・表現
○互いの共通点や相違点に着目して考えをまとめることができる。

≫主体的に学習に取り組む態度　※「主体的に学習に取り組む態度」は方向目標を示しています。
○友達と協力して行う活動や合意形成に向けて進んで話し合おうとする。

評価規準

≫知識・技能
○言葉には考えたことや思ったことを表す働きがあることに気づいている。
○相手を見て話したり聞いたりしている。
　　　　　　　　　　　　　　　　　　　　　　　　　　　●対応する学習指導要領の項目：(1) ア，イ

≫思考・判断・表現
○相手の発言を受けて話をつなぎながら，「すごろく」のます目に入れる内容を話し合っている。
　　　　　　　　　　　　　　　　　　　　　　　　　　　●対応する学習指導要領の項目：A (1) オ

≫主体的に学習に取り組む態度
○友達と協力して，これから1年間の行事予定などを入れたすごろくを作っている。

学習活動

小単元名	時数	学習活動	学習の過程
すごろくを作ろう①	1	○14・15ページで，「すごろく」のやり方を確かめる。	話題の設定 情報の収集
すごろくを作ろう②	1	○グループで話し合って「こま」を決め，すごろくを楽しむ。	内容の検討
		・こまの内容について質問したり答えたり，感想を話したりする。	内容の検討　共有

201

| 3年 | 学図 | 教科書【上】：p.16〜27　配当時数：6時間　配当月：4月 |

1 へんかのきっかけを読もう

つり橋わたれ

主領域　C読むこと

関連する道徳の内容項目　A正直，誠実　B友情，信頼

到達目標

≫知識・技能

○言葉には考えたことや思ったことなどを表す働きがあることに気づくことができる。

○様子や行動，気持ちや性格を表す語句の量を増やし，語彙を豊かにすることができる。

○物語全体の構成や内容の大体を意識しながら音読することができる。

○新しく習う漢字を正しく読んだり書いたりすることができる。

≫思考・判断・表現

○登場人物の行動や気持ちなどについて，叙述をもとに捉えることができる。

○登場人物の気持ちの変化や性格，情景について，場面の移り変わりと結び付けて具体的に想像することができる。

○文章を読んで感じたことや考えたことを共有し，一人一人の感じ方などに違いがあることに気づくことができる。

≫主体的に学習に取り組む態度　※「主体的に学習に取り組む態度」は方向目標を示しています。

○物語の展開に関心をもち，場面の情景を思いうかべながら読み，ファンタジーの入り口・出口を話し合おうとする。

評価規準

≫知識・技能

○「つり橋わたれ」を読んで，考えたことや思ったことを表す言葉を見つけている。

○物語文の中から様子や行動，気持ちや性格を表す語句を見つけて，語彙を豊かにしている。

○物語全体の構成や内容の大体を意識しながら音読している。

○新しく習う漢字を正しく読んだり書いたりしている。

●──── 対応する学習指導要領の項目：(1) ア，エ，オ，ク

≫思考・判断・表現

○場面の情景や移り変わりを思いうかべながら，人物の気持ちの変化を読み，「ふしぎなせかい」の入り口・出口を確かめている。

○トッコの行動や気持ちについて，叙述をもとに捉えている。

○トッコの気持ちの変化について，場面の移り変わりと結び付けて具体的に想像している。

○トッコに起こった不思議な出来事について話し合い，友達の感想と自分の感想の違いに気づいている。

●──── 対応する学習指導要領の項目：C (1) イ，エ，カ

≫主体的に学習に取り組む態度

○物語の展開に関心をもち，場面の情景を思いうかべながら読み，ファンタジーの入り口・出口を話し合おうとしている。

学習活動

小単元名	時数	学習活動	学習の過程
つり橋わたれ①	1	○全文を読んで，あらすじをつかむ。	構造と内容の把握
		○物語を読んで思ったことや感じたことなど，初発の感想を話し合う。	考えの形成　共有
つり橋わたれ②	4	○場面ごとに，トッコやほかの登場人物の様子や気持ちを読む。 ・つり橋を渡れないトッコ ・トッコと山の子どもたちとの関係 ・山に向かって呼びかけるトッコ ・着物を着た男の子を追いかけてつり橋を渡る不思議な出来事 ・仲直りするトッコと山の子どもたち ・山のくらしが楽しくなったトッコ	精査・解釈　共有
つり橋わたれ③	1	○トッコに起こった不思議な出来事について話し合う。 ・不思議な男の子が現れた時と消えた時に何が起こったか。 ・不思議な出来事は，トッコや山の子どもたちをどのように変えたか。	考えの形成　共有

| 3年 | 学図 | 教科書【上】：p.28〜29　配当時数：1時間　配当月：4月 |

自分だけのノートを作ろう

主領域　B書くこと

到達目標

≫知識・技能

○言葉には考えたことや思ったことを表す働きがあることに気づくことができる。

○比較や分類の仕方，必要な語句の書き留め方を理解している。

≫思考・判断・表現

○間違いを正したり目的を意識した表現になっているか確かめたりして，文や文章を整えることができる。

≫主体的に学習に取り組む態度　※「主体的に学習に取り組む態度」は方向目標を示しています。

○自分で工夫してノートを作ろうとする。

評価規準

≫知識・技能

○物語などを読んで，考えたことや思ったことを表す言葉を見つけてノートに書いている。

○調べたことや学習したことをまとめたり分類したりしている。

　　　　　　　　　　　　　　　　　　　　●対応する学習指導要領の項目：(1) ア　(2) イ

≫思考・判断・表現

○めあてに沿った内容になっているか確かめたり間違いを直したりして，文や文章を整えている。

　　　　　　　　　　　　　　　　　　　　●対応する学習指導要領の項目：B (1) エ

≫主体的に学習に取り組む態度

○様子がわかる言葉に線を引いたり考えたことを書き込んだりして，自分だけのノートを作っている。

学習活動

小単元名	時数	学習活動	学習の過程
自分だけのノートを作ろう	1	○28・29ページのノートを見てよさを話し合い，自分のノートと見比べる。 ○28・29ページを参考にして，この時間のノートを作る。	推敲

| 3年 | 学図 | 教科書【上】：p.30～31　配当時数：2時間　配当月：4月 |

みんなにつたえよう

しょうかいしよう，わたしのお気に入り

主領域　A話すこと・聞くこと

到達目標

≫知識・技能
○相手を見て話したり聞いたりするとともに抑揚や強弱，間の取り方に気をつけて話すことができる。
○丁寧な言葉を使って話すことができる。
○新しく習う漢字を正しく読んだり書いたりすることができる。

≫思考・判断・表現
○目的を意識して，日常生活の中から話題を決め，集めた材料を比較したり分類したりして，伝え合うために必要な事柄を選ぶことができる。
○話の中心や話す場面を意識して，言葉の抑揚や強弱，間の取り方などを工夫することができる。

≫主体的に学習に取り組む態度　　※「主体的に学習に取り組む態度」は方向目標を示しています。
○自分のお気に入りを紹介することに関心をもち，紹介したいことを話そうとする。

評価規準

≫知識・技能
○相手を見て話したり聞いたりするとともに抑揚や強弱，間の取り方に気をつけて話している。
○丁寧な言葉を使って話している。
○新しく習う漢字を正しく読んだり書いたりしている。
　　　　　　　　　　　　　　　　　　　　　　　●対応する学習指導要領の項目：(1) イ，エ，キ

≫思考・判断・表現
○身の回りから紹介したい「お気に入り」を探し，紹介するのに必要な事柄を集めている。
○自分の「お気に入り」について，聞き手に伝わるように声の調子に気をつけて話している。
　　　　　　　　　　　　　　　　　　　　　　　●対応する学習指導要領の項目：A (1) ア，ウ

≫主体的に学習に取り組む態度
○自分の「お気に入り」について，出来事や理由など必要な事柄を集めてみんなに話している。

学習活動

小単元名	時数	学習活動	学習の過程
しょうかいしよう，わたしのお気に入り	2	○「お気に入り」を紹介するという学習のめあてをつかむ。 ・30・31ページで，学習の流れを確かめる。	見通し
		・紹介する内容を決め，材料を集める。	話題の設定 情報の収集
		○スピーチ大会を開いて，スピーチする。	考えの形成
		・「目線・声の大きさ・話すはやさ」に注意して練習する。 ・聞く人はしっかり聞いて，スピーチの後で感想を伝え合う。	共有

| 3年 | 学図 |

教科書【上】：p.32〜35　配当時数：3時間　配当月：4月

言葉のいずみ 1

国語じてんの使い方

到達目標

》知識・技能

○辞書や辞典の使い方を理解し使うことができる。

○新しく習う漢字を正しく読んだり書いたりすることができる。

》主体的に学習に取り組む態度　※「主体的に学習に取り組む態度」は方向目標を示しています。

○国語辞典の使い方を知り，普段の生活の中で使おうとする。

評価規準

》知識・技能

○国語辞典の使い方を理解して，辞書を利用して文字や語句を調べている。

○新しく習う漢字を正しく読んだり書いたりしている。

● 対応する学習指導要領の項目：(1) エ　(2) イ

》主体的に学習に取り組む態度

○国語辞典の使い方を知り，普段の生活の中で使おうとしている。

学習活動

小単元名	時数	学習活動	学習の過程
国語じてんの使い方	3	○32 ページの見本をもとに，国語辞典のしくみを理解する。 ・「つめ」「はしら」「見出し語」「言葉のいみ」「言葉の使い方」 ○国語辞典の使い方を理解する。 ・見出し語の並び方は，清音→濁音→半濁音の順。 ・見出し語は言い切りの形にして探す。 ○言葉を広げたり深めたりするための，国語辞典の使い方を理解する。 ・多くの意味がある言葉 ・似た意味の言葉・反対の意味の言葉 ○国語辞典のその他の使い方を理解する。 ・土地の名前，人の名前，動植物の名前，図・写真など	

3年　学図　　　　　　　　　　教科書【上】：p.36〜37　配当時数：1時間　配当月：4月

きせつのたより

春

到達目標

≫知識・技能
○言葉には性質や役割による語句のまとまりがあることを理解し，語彙を豊かにすることができる。

≫主体的に学習に取り組む態度　※「主体的に学習に取り組む態度」は方向目標を示しています。
○季節に対するものの見方や感じ方に注意して，春の行事について考えようとする。

評価規準

≫知識・技能
○教科書の絵の中から春に関わる様子や行事を表す語句を探し，文章の中で使うとともに語彙を豊かにしている。
　　　　　　　　　　　　　　　　　　　　　　　　　　　　　── 対応する学習指導要領の項目：(1) オ

≫主体的に学習に取り組む態度
○季節に対するものの見方や感じ方に注意して，春の行事について考え，感想を書いている。

学習活動

小単元名	時数	学習活動	学習の過程
春	1	○36・37ページの言葉の意味を国語辞典で調べる。 ○春に関わる言葉を出し合いカードに書き，紹介し合う。	

| 3年 | 学図 |

教科書【上】：p.38〜45　配当時数：5時間　配当月：4〜5月

2 要点をおさえて読もう

ミラクル ミルク

| 主領域 | C読むこと

到達目標

》知識・技能

○主語と述語との関係，段落の役割について理解することができる。

○新しく習う漢字を正しく読んだり書いたりすることができる。

》思考・判断・表現

○段落相互の関係に着目しながら，考えとそれを支える理由や事例との関係などについて，叙述をもとに捉えることができる。

○中心となる語や文を見つけて，段落ごとの要点をまとめることができる。

○文章を読んだ感想を友達と共有し，一人一人の感じ方に違いがあることに気づくことができる。

》主体的に学習に取り組む態度　※「主体的に学習に取り組む態度」は方向目標を示しています。

○段落の要点と段落相互の関係を考えて説明文を読もうとする。

評価規準

》知識・技能

○主語と述語の関係や，段落の役割について理解しながら「ミラクル ミルク」を読んでいる。

○新しく習う漢字を正しく読んだり書いたりしている。

→ 対応する学習指導要領の項目：(1) エ，カ

》思考・判断・表現

○段落相互の関係を考えながら筆者の考えを読み取っている。

○ミルクにはどんな「ミラクル」があるのか，段落ごとの要点をつかんでいる。

○「ミラクル ミルク」を読んでおもしろかったことや驚いたことなどを友達と話し合い，一人一人の感じ方に違いがあることに気づいている。

→ 対応する学習指導要領の項目：C (1) ア，ウ，カ

》主体的に学習に取り組む態度

○「ミラクル ミルク」に関心をもち，段落の要点と段落相互の関係を考えて読もうとしている。

学習活動

小単元名	時数	学習活動	学習の過程
ミラクル ミルク①	4	○段落の要点をつかみ，文章の構成を考えながら，筆者の考えを読み取る。 ○「ミラクル ミルク」の問いの文と答えを読む。	構造と内容の把握
		○説明内容のあらましをつかみ，①～⑨の段落ごとの要点を読み取る。 ○段落の要点をもとにして文章全体の構成を考え，「はじめ・中・終わり」のまとまりに分ける。 ○「終わり」のまとまりの筆者の考えをまとめる。 ・⑧段落の「このように」は，何を指しているか。	構造と内容の把握 精査・解釈
ミラクル ミルク②	1	○この説明文を読んでおもしろかったことや驚いたことを話し合う。	考えの形成　共有

| 3年 | 学図 |

教科書【上】：p.46〜49　配当時数：8時間　配当月：5月

調べて書こう

食べ物のひみつをさぐろう

主領域　B書くこと

到達目標

≫知識・技能

○主語と述語との関係，指示する語句と接続する語句の役割，段落の役割について理解することができる。

○比較や分類の仕方，必要な内容の書き留め方，出典の示し方などを理解することができる。

○新しく習う漢字を正しく読んだり書いたりすることができる。

≫思考・判断・表現

○相手や目的を意識して，集めた材料を比較したり分類したりして伝えたいことを明確にすることができる。

○書く内容の中心を明確にし，内容のまとまりで段落をつくったり，段落相互の関係に注意したりして文章の構成を考えることができる。

○書こうとしたことが明確になっているかなど，文章に対する感想や意見を伝え合い，自分の文章のよいところを見つけることができる。

≫主体的に学習に取り組む態度　※「主体的に学習に取り組む態度」は方向目標を示しています。

○文章をわかりやすくするために，内容のまとまりごとに段落に分けて書こうとする。

評価規準

≫知識・技能

○主語と述語が整った文を書いたり，まとまりごとに段落に分けたりしている。

○調べた内容をカードに書き留めたり，調べた本の出典を明示することなどを理解している

○新しく習う漢字を正しく読んだり書いたりしている。

　　　　　　　　　　　　　　　　　　　　　　　　　● 対応する学習指導要領の項目：(1) エ，カ　　(2) イ

≫思考・判断・表現

○調べたことをわかりやすく説明するために，集めた材料を比較したり分類したりしている。

○段落ごとに改行することで意味のまとまりを理解しながら読めることに気づき，文章表現に生かしている。

○書いた文章を友達と読み合い，よいところを伝え合っている。

　　　　　　　　　　　　　　　　　　　　　　　　　● 対応する学習指導要領の項目：B (1) ア，イ，オ

≫主体的に学習に取り組む態度

○どうすればわかりやすい文章になるかを考え，内容ごとに段落を分けるなどして書こうとしている。

学習活動

小単元名	時数	学習活動	学習の過程
食べ物のひみつをさぐろう①	1	○46ページの食べ物について，どんな姿になるか話し合う。 ・46ページの例の中から詳しく調べる食べ物を1つ選ぶ。	題材の設定
食べ物のひみつをさぐろう②	2	○選んだ食べ物について調べ，47ページの例を参考にしてカードにまとめる。	情報の収集
食べ物のひみつをさぐろう③	2	○段落に分けることの効果と，段落の付け方を理解する。 ・48・49ページの例文を音読し，わかりやすさについて考える。	内容の検討
食べ物のひみつをさぐろう④	3	○自分のカードをもとに，段落を意識しながら説明文を書く。	記述
		・話の内容のまとまりに気をつけて，「中」をいくつかに分ける。	記述　推敲
		○友達と読み合い，よいところを話し合う。	推敲　共有

| 3年 | 学図 | | 教科書【上】：p.50～51　配当時数：2時間　配当月：5月 |

調べよう まとめよう

「百科事典」を引いて調べよう

主領域　C読むこと

到達目標

≫知識・技能

○辞書や辞典の使い方を理解し使うことができる。

○百科事典が必要な知識や情報を得ることに役立つことに気づくことができる。

≫思考・判断・表現

○事典や図鑑から情報を得て，わかったことなどをまとめて説明することができる。

○調べたい事柄について，百科事典から大事な語や文を見つけて要約することができる。

≫主体的に学習に取り組む態度　※「主体的に学習に取り組む態度」は方向目標を示しています。

○百科事典に興味をもち，使い方を理解して，様々な事柄を調べようとする。

評価規準

≫知識・技能

○百科事典の使い方を理解して，気になった事柄について事典を利用して調べている。

○百科事典には，自分が知りたい様々な事柄が解説されていることに気づいている。

●対応する学習指導要領の項目：(2) イ　(3) オ

≫思考・判断・表現

○事典や図鑑から得た情報を，わかりやすくまとめている。

○調べたい事柄について，百科事典から大事な語や文を見つけて要約している。

●対応する学習指導要領の項目：C (1) ウ　(2) ウ

≫主体的に学習に取り組む態度

○百科事典を実際に使って気になった言葉などを調べようとしている。

学習活動

小単元名	時数	学習活動	学習の過程
「百科事典」を引いて調べよう	2	○50・51 ページを読み，実際に百科事典を使って「つくり」を理解する。	読書
		○百科事典を使って調べたことを紹介し合う。	読書　共有

213

| 3年 | 学図 |

教科書【上】：p.52〜57　配当時数：4時間　配当月：5月

言葉のひびきやリズムを楽しもう

俳句

関連する道徳の内容項目　C伝統と文化の尊重，国や郷土を愛する態度

到達目標

≫知識・技能

○易しい文語調の俳句を音読したり暗唱したりするなどして，言葉の響きやリズムに親しむことができる。

○新しく習う漢字を正しく読んだり書いたりすることができる。

≫主体的に学習に取り組む態度　※「主体的に学習に取り組む態度」は方向目標を示しています。

○五・七・五のリズムを楽しみながら俳句を音読しようとする。

評価規準

≫知識・技能

○言葉のリズムを楽しみながら音読したり暗唱したりして，俳句の世界を味わっている。

○新しく習う漢字を正しく読んだり書いたりしている。

────────● 対応する学習指導要領の項目：(1) エ　(3) ア

≫主体的に学習に取り組む態度

○五・七・五のリズムを楽しみながら俳句を音読している。

学習活動

小単元名	時数	学習活動	学習の過程
俳句	4	○情景を思い浮かべながら，声に出して俳句を読み，言葉のリズムを味わう。 ・五・七・五の十七音でできているという俳句のきまりを理解する。 ・俳句に描かれている風景を思いうかべ，話し合う。 ・言葉のリズムに気をつけて，声に出して読む。 ・俳句の本から同じものを詠んだ俳句を集め，感想を伝え合う。	

| 3年 | 学図 | 教科書【上】：p.58〜60　配当時数：2時間　配当月：6月 |

言葉のいずみ2

音読み・訓読み・送りがな

到達目標

≫知識・技能

○漢字の音読みと訓読み，送りがなについて理解することができる。

○新しく習う漢字を正しく読んだり書いたりすることができる。

≫主体的に学習に取り組む態度　　※「主体的に学習に取り組む態度」は方向目標を示しています。

○漢字の音読みと訓読み，送りがなを理解し，文の中で正しく使おうとする。

評価規準

≫知識・技能

○漢字の音読みと訓読み，送りがなについて理解して，文や文章の中で使っている。

○新しく習う漢字を正しく読んだり書いたりしている。

● 対応する学習指導要領の項目：(1) ウ，エ

≫主体的に学習に取り組む態度

○漢字の音読みと訓読み，送りがなを理解し，文の中で正しく使っている。

学習活動

小単元名	時数	学習活動	学習の過程
音読み・訓読み・送りがな①	1	○音読み，訓読みについて理解する。 ・59ページの設問を学習し，同訓異字語の意味の違いや，同音の漢字の使い方を理解する。	
音読み・訓読み・送りがな②	1	○送り仮名について理解する。 ・送り仮名が変わると意味が変わる。 ・訓読みがたくさんある漢字では，送り仮名によって読み方や意味を使い分ける。	

| 3年 | 学図 | | 教科書【上】：p.61〜61　配当時数：1時間　配当月：6月 |

言葉をつないで文を作ろう1

2年生で習った漢字①

主領域　B書くこと

到達目標

≫知識・技能
○第2学年までに配当されている漢字を，文や文章の中で使うことができる。

≫思考・判断・表現
○絵や目的に合った漢字を使って文を書いたり，間違いを正したりすることができる。

≫主体的に学習に取り組む態度　※「主体的に学習に取り組む態度」は方向目標を示しています。
○61ページの季節や時を表す言葉を使って，絵に合った文を書こうとする。

評価規準

≫知識・技能
○2年生で学習した漢字を使って文や文章を作っている。
対応する学習指導要領の項目：(1) エ

≫思考・判断・表現
○絵や目的に合った漢字を使って文を書いたり，間違いを正したりしている。
対応する学習指導要領の項目：B (1) エ

≫主体的に学習に取り組む態度
○61ページの季節や時を表す言葉を使って，絵に合った文を書いている。

学習活動

小単元名	時数	学習活動	学習の過程
2年生で習った漢字①	1	○61ページにある季節や時を表す言葉を使って，絵の様子を表す文を作る。 ・間違いがないか確かめる。	推敲

| 3年 | 学図 | | 教科書【上】：p.62〜64　配当時数：3時間　配当月：6月 |

分類しよう

いろいろな見方で分類しよう

主領域　B書くこと

到達目標

≫知識・技能
○比較や分類の仕方を理解している。
○新しく習う漢字を正しく読んだり書いたりすることができる。

≫思考・判断・表現
○選んだ物事を比較したり分類したりして，伝えたいことを明確にすることができる。

≫主体的に学習に取り組む態度　※「主体的に学習に取り組む態度」は方向目標を示しています。
○自分で見方を決めて分類し，仲間ごとに表にまとめようとする。

評価規準

≫知識・技能
○生き物や衣類，文房具など，自分で選んだ物事について，分類の観点を決め仲間分けして表にまとめている。
○新しく習う漢字を正しく読んだり書いたりしている。

● 対応する学習指導要領の項目：(1) エ　(2) イ

≫思考・判断・表現
○選んだ物事を比較したり分類したりして，伝えたいことを明確にして書いている。

● 対応する学習指導要領の項目：B (1) ア

≫主体的に学習に取り組む態度
○生き物について，教科書とは違う見方で分類し表にまとめようとしている。
○生き物，衣類，文房具以外の物事を選んで，見方を決めて分類しようとしている。

学習活動

小単元名	時数	学習活動	学習の過程
いろいろな見方で分類しよう①	1	○分類の仕方を理解する。 ・63ページの図の生き物を，教科書の指示に従って分類する。 ・63ページの図の生き物を，教科書とは違う観点を決めて分類する。	情報の整理
いろいろな見方で分類しよう②	2	○自分の見方で分類する。 ・64ページの衣類を，自分で観点を決めて分類し表にまとめる。 ○教科書にはない物事について，自分で観点を決めて分類する。	記述　推敲

217

| 3年 | 学図 | 教科書【上】：p.65〜65　配当時数：1時間　配当月：6月 |

漢字の広場

三年生で学ぶ漢字

到達目標

》知識・技能

○新しく習う漢字を正しく読んだり書いたりすることができる。

》主体的に学習に取り組む態度　　※「主体的に学習に取り組む態度」は方向目標を示しています。

○65ページに出てくる新出漢字を声に出して読んだりノートに書き写したりしようとする。

評価規準

》知識・技能

○新しく習う漢字を正しく読んだり書いたりしている。

● 対応する学習指導要領の項目：(1) エ

》主体的に学習に取り組む態度

○65ページに出てくる新出漢字を，声に出して読んだりノートに書き写したりしている。

学習活動

小単元名	時数	学習活動	学習の過程
三年生で学ぶ漢字	1	○65ページに出てくる新出漢字を読み書きする。	

| 3年 | 学図 | 教科書【上】：p.66〜67　配当時数：1時間　配当月：6月 |

きせつのたより

夏

到達目標

≫知識・技能
○言葉には性質や役割による語句のまとまりがあることを理解し，語彙を豊かにすることができる。

≫主体的に学習に取り組む態度　※「主体的に学習に取り組む態度」は方向目標を示しています。
○季節に対するものの見方や感じ方に注意して，夏の行事について考えようとする。

評価規準

≫知識・技能
○教科書の絵の中から夏に関わる様子や行事を表す語句を探し，文章の中で使うとともに語彙を豊かにしている。
　　　　　　　　　　　　　　　　　　　　　　　　　　　　　　●対応する学習指導要領の項目：(1) オ

≫主体的に学習に取り組む態度
○季節に対するものの見方や感じ方に注意して，夏の行事について考え，感想を書いている。

学習活動

小単元名	時数	学習活動	学習の過程
夏	1	○66・67ページの言葉の意味を国語辞典で調べる。 ○夏に関わる言葉を出し合いカードに書き，紹介し合う。	

| 3年 | 学図 | 教科書【上】：p.68〜75　配当時数：5時間　配当月：6月 |

3 だん落どうしの関係を読もう

合図としるし

主領域　C読むこと

関連する道徳の内容項目　C規則の尊重

到達目標

》知識・技能

○指示する語句の役割，段落の役割について理解することができる。

○新しく習う漢字を正しく読んだり書いたりすることができる。

》思考・判断・表現

○段落相互の関係を考えながら，叙述をもとに筆者の考えを捉えることができる。

○中心となる語や文を見つけて，段落ごとの事例をまとめることができる。

》主体的に学習に取り組む態度　※「主体的に学習に取り組む態度」は方向目標を示しています。

○段落の要点と段落相互の関係を考えて読み，身の回りにある「合図としるし」について文章にまとめようとしている。

評価規準

》知識・技能

○指示する語句の役割，段落の役割について理解しながら「合図としるし」を読んでいる。

○新しく習う漢字を正しく読んだり書いたりしている。

● 対応する学習指導要領の項目：(1) エ，カ

》思考・判断・表現

○段落相互の関係を考えながら筆者の考えを読み取っている。

○合図や印にはどんな種類，特長があり，どのように役立っているかなど，段落ごとの要点をつかんでいる。

● 対応する学習指導要領の項目：C (1) ア，ウ

》主体的に学習に取り組む態度

○「合図としるし」に関心をもち，段落の要点と段落相互の関係を考えて読もうとしている。

○身の回りから「合図としるし」を探し，それについて文章にまとめている。

学習活動

小単元名	時数	学習活動	学習の過程
合図としるし①	1	○説明内容のあらましをつかむ。 ○段落に①〜⑬の番号を付け，文章全体の「はじめ・中・終わり」の構成を確かめる。	構造と内容の把握

合図としるし②	3	○「はじめ」のまとまり〈①・②段落〉を読む。	構造と内容の把握
		・「合図としるし」の話題提示と，疑問の提示	精査・解釈
		○「中」のまとまり〈③～⑪段落〉を読む。	
		・③・④段落…「音」を使った合図としるし	
		・⑤・⑥段落…「色」を使った合図としるし	
		・⑦・⑧段落…「数字」を使った合図としるし	
		・⑨～⑪段落…「形」「記号」を使った合図としるし	
		○「終わり」のまとまり〈⑫・⑬段落〉を読む。	
		・全体のまとめ	
合図としるし③	1	○詳しく読んだことをもとにして，段落の要点と説明されている事例をまとめる。	考えの形成　共有
		・74ページ下段の図を参考にして考える。	
		○この説明文を読んでおもしろかったことや驚いたことを話し合う。	

3年

| 3年 | 学図 | 教科書【上】：p.76〜79　配当時数：8時間　配当月：6月 |

見つけたことを書こう

見つけよう，合図としるし

主領域　B書くこと

到達目標

≫知識・技能
○言葉には性質や役割による語句のまとまりがあることを理解し，語彙を豊かにすることができる。
○主語と述語との関係，指示する語句と接続する語句の役割，段落の役割について理解することができる。

≫思考・判断・表現
○集めた材料を比較したり分類したりして整理することができる。
○書く内容の中心を明確にし，内容のまとまりで段落を作るなどして文章の構成を考えることができる。
○自分の考えと事例との関係を明確にして，書き表し方を工夫することができる。

≫主体的に学習に取り組む態度　　※「主体的に学習に取り組む態度」は方向目標を示しています。
○身の回りの合図や印から調べる事柄を決め，内容ごとにまとめてわかりやすく説明しようとする。

評価規準

≫知識・技能
○主語・述語，指示語や接続語が整った文を書いている。
○内容ごとに段落を分けて説明する文章を書いている。
　　　　　　　　　　　　　　　　　　　　　　　　● 対応する学習指導要領の項目：(1) オ，カ

≫思考・判断・表現
○自分が決めた種類の合図や印を集めて，カードにまとめて整理している。
○わかりやすく説明するために，「はじめ・中・終わり」のまとまりに分けて文章を構成している。
○調べた事例とそこからわかったことを区別して書いている。
　　　　　　　　　　　　　　　　　　　　　　　● 対応する学習指導要領の項目：B (1) ア，イ，ウ

≫主体的に学習に取り組む態度
○身の回りの合図や印にはどんなものがあるか観察し，興味をもったものについて調べている。
○わかりやすく説明するにはどのようにまとめればよいか考え，カードをもとにして内容ごとにまとめようとしている。

学習活動

小単元名	時数	学習活動	学習の過程
見つけよう，合図としるし①	2	○76〜79ページを読み，まとまりを考えた説明文の書き方を理解する。 ・77ページ〈カードのれい〉を読み，カードのまとめ方を理解する。 ・78・79ページを読み，段落の役割を理解する。	情報の収集 内容の検討
見つけよう，合図としるし②	5	○身の回りの合図や印を見つけ，説明文を書く。 ・身の回りの合図や印を見つけ，カードをまとめる。 ・「中」の部分のまとまりを考え，カードを整理する。	題材の選定 構成の検討
		・まとまりを考えて，説明文を書く。 ・説明文を読み合い，感想を伝え合う。	記述　共有
見つけよう，合図としるし③	1	○わかりやすく説明するために，組み立てで工夫したことをふり返る。	振り返り

223

| 3年 | 学図 | 教科書【上】：p.80〜83　配当時数：2時間　配当月：7月 |

言葉のきまり1

しゅうしょく語

到達目標

≫知識・技能

○様子や行動，気持ちや性格を表す語句の量を増やし，話や文章の中で使うことができる。

○修飾と被修飾との関係を理解することができる。

○新しく習う漢字を正しく読んだり書いたりすることができる。

≫主体的に学習に取り組む態度　※「主体的に学習に取り組む態度」は方向目標を示しています。

○修飾語の働きを知り，修飾と被修飾の関係を文の組み立てをとおして理解しようとする。

評価規準

≫知識・技能

○様子や行動，気持ちや性格を表す修飾語を話や文章の中で使っている。

○修飾と被修飾との関係を理解している。

○新しく習う漢字を正しく読んだり書いたりしている。

● 対応する学習指導要領の項目：(1) エ，オ，カ

≫主体的に学習に取り組む態度

○修飾語の働きを知り，修飾と被修飾の関係を文の組み立てをとおして理解しようとしている。

学習活動

小単元名	時数	学習活動	学習の過程
しゅうしょく語	2	○主語と述語以外の言葉には，文の意味を詳しくする働きがあることを理解する。 ○80・81ページで，修飾語の種類を確かめる。 ・「何を」「何に」「どんな」「どこの」「どのくらい」「どのように」「いつ」「どこで」など ○81・82ページの設問を学習し，修飾語の働きを考える。 ○言い方が似ていても表す様子が違う修飾語について理解する。 ・83ページの設問を学習し，様子にぴったり合う修飾語を考える。	

| 3年 | 学図 |

教科書【上】：p.84〜91　配当時数：5時間　配当月：7月

4 やくわりを決めて話し合おう

クラスレクリエーションをしよう

主領域　A話すこと・聞くこと

関連する道徳の内容項目　B友情，信頼／相互理解，寛容　C公正，公平，社会正義／よりよい学校生活，集団生活の充実

到達目標

≫知識・技能

○丁寧な言葉を使って話し合うことができる。

○考えとそれを支える理由との関係について理解することができる。

○新しく習う漢字を正しく読んだり書いたりすることができる。

≫思考・判断・表現

○日常生活の中から話題を決め，伝え合うために必要な事柄を選ぶことができる。

○相手に伝わるように，理由や例を挙げながら話の構成を考えることができる。

○司会などの役割を果たしながら話し合い，互いの意見の共通点や相違点に着目して考えをまとめることができる。

○お互いの考えを伝え合うなどしてグループや学級全体で話し合う活動ができる。

≫主体的に学習に取り組む態度　※「主体的に学習に取り組む態度」は方向目標を示しています。

○学級会の進め方を理解し，司会やほかの役割分担を決めて話し合おうとする。

○グループや学級での話し合いで，意見や考えを出し合おうとする。

評価規準

≫知識・技能

○丁寧な言葉を使って話し合っている。

○理由を明確にして考えを話すことができる。

○新しく習う漢字を正しく読んだり書いたりしている。

　　　　　　　　　　　　　　　　　　　　　　●対応する学習指導要領の項目：(1) エ，キ　(2) ア

≫思考・判断・表現

○クラスレクリエーションについて話し合うために必要な事柄を選んでいる。

○クラスのみんなに伝わるように，理由や例を挙げながら話の構成を考えて話している。

○司会や書記などの役割分担を決めて話し合い，話し合いで出た意見の共通点や相違点に着目して考えをまとめている。

○お互いの考えを伝え合うなどしてグループや学級全体で話し合う活動をしている。

　　　　　　　　　　　　　　　　　　　　　●対応する学習指導要領の項目：A (1) ア，イ，オ　(2) ウ

≫主体的に学習に取り組む態度

○学級会の話し合いの進め方を理解し，司会を立てて話し合おうとしている。

○グループや学級での話し合いで，みんなが意見や考えを出し合えるようにしている。

学習活動

小単元名	時数	学習活動	学習の過程
クラスレクリエーションをしよう①	2	○学習のめあてと学習の流れを確かめる。 ・「役割を決めて話し合う」という学習のめあてをつかむ。 ・84ページ「学習の見通しをもとう」を読んで，学習の流れを確かめる。	見通し
		○提案のまとめ方，学級会の準備の仕方を確かめ，中山さんのクラスの「学級会の流れ」について話し合う。 ・<中山さんのクラスの話し合い>を役割を決めて演じ，役割を決めて話し合うことのよさについて考える。	話し合いの進め方の検討
クラスレクリエーションをしよう②	3	○役割を決めて実際に学級会を行う。 ・学級会に提案する内容をまとめて，計画書を作る。 ・計画書に基づいて，話し合いをする。 ・話し合いをふり返って，考えをまとめたり感想を伝え合ったりする。	考えの形成　共有

| 3年 | 学図 | 教科書【上】：p.92〜92　配当時数：1時間　配当月：7月 |

言葉をつないで文を作ろう2

2年生で習った漢字②

主領域　B書くこと

到達目標

≫知識・技能
○第2学年までに配当されている漢字を，文や文章の中で使うことができる。

≫思考・判断・表現
○絵や目的に合った漢字を使って文を書いたり，間違いを正したりすることができる。

≫主体的に学習に取り組む態度　※「主体的に学習に取り組む態度」は方向目標を示しています。
○ 92ページの言葉を使って，絵の様子に合った文を書こうとする。

評価規準

≫知識・技能
○ 2年生で学習した漢字を使って文や文章を作っている。

　　　　　　　　　　　　　　　　　　　　　　　　　● 対応する学習指導要領の項目：(1) エ

≫思考・判断・表現
○絵や目的に合った漢字を使って文を書いたり，間違いを正したりしている。

　　　　　　　　　　　　　　　　　　　　　　　　　● 対応する学習指導要領の項目：B (1) エ

≫主体的に学習に取り組む態度
○ 92ページの言葉を使って，絵の様子に合った文を書いている。

学習活動

小単元名	時数	学習活動	学習の過程
2年生で習った漢字②	1	○92ページの言葉を使って，絵の様子を表す文を作る。 ・間違いがないか確かめる。	推敲

| 3年 | 学図 | 教科書【上】：p.93〜109　配当時数：7時間　配当月：7月 |

読書に親しもう

おもしろさを話し合おう／あらしの夜に／読書のへや

| 主領域 | C読むこと |

| 関連する道徳の内容項目 | B礼儀／友情，信頼 |

到達目標

≫知識・技能

○言葉には，考えたことや思ったことを表す働きがあることに気づくことができる。

○おもしろさについて比較したり分類したりすることができる。

○幅広く読書に親しみ，読書が必要な知識や情報を得ることに役立つことに気づくことができる。

○新しく習う漢字を正しく読んだり書いたりすることができる。

≫思考・判断・表現

○登場人物の行動や気持ちなどについて，叙述をもとに捉えることができる。

○登場人物の気持ちの変化や性格，情景について，場面の移り変わりと結び付けて具体的に想像することができる。

○物語を読んで感じたことや考えたことを話し合い，一人一人の感じ方に違いがあることに気づくことができる。

○物語を読み，内容やおもしろさを伝え合う活動ができる。

≫主体的に学習に取り組む態度　　※「主体的に学習に取り組む態度」は方向目標を示しています。

○物語のおもしろさを話し合い，教科書で紹介されている本や学校図書館などにある本を読もうとする。

評価規準

≫知識・技能

○物語を読んで，考えたことや思ったことを表す言葉を見つけている。

○「あらしの夜に」やほかの本を読んで，おもしろさについて比較したり分類したりしている。

○読書が必要な知識や情報を得ることに役立つことに気づき，幅広く読書している。

○新しく習う漢字を正しく読んだり書いたりしている。

●対応する学習指導要領の項目：(1) ア，エ　 (2) イ　 (3) オ

≫思考・判断・表現

○「やぎ」と「おおかみ」の行動や気持ちについて，叙述をもとに捉えている。

○場面の情景や，「やぎ」と「おおかみ」の気持ちがどのように移り変わっていくのかを具体的に想像しながら読んでいる。

○「あらしの夜に」のおもしろさをグループで話し合ったりクラスで報告したりしながら，友達の感じ方と自分の感じ方の違いに気づいている。

○「あらしの夜に」の内容やおもしろさを伝え合う活動をしている。

●対応する学習指導要領の項目：C (1) イ，エ，カ　 (2) イ

》主体的に学習に取り組む態度

○物語のおもしろさを話し合い，95 ページや 108・109 ページで紹介されている本や学校図書館などにある本を読もうとしている。

学習活動

小単元名	時数	学習活動	学習の過程
おもしろさを話し合おう／あらしの夜に／読書のへや①	1	○「あらしの夜に」のあらすじをつかみ，初発の感想を話し合う。	構造と内容の把握
おもしろさを話し合おう／あらしの夜に／読書のへや②	4	○場面の様子やその移り変わりと結び付けて，人物の心情を思いうかべながら読む。 ・第1・2場面＜P 96 L 1～P 101 L 4＞…やぎとおおかみが嵐を避け，それぞれ夜の山小屋に避難し，出会う。 ・第3・4場面＜P 101 L 5～P 105 L 5＞…真っ暗な小屋の中で身の上話をし合い，共通点を感じながら話が進んでいく。 ・第5・6場面＜P 105 L 6～P 107 L 14＞…すっかり意気投合し，再会を約束して別れる。	精査・解釈
		○全文を読み返して，おもしろかったところを出し合う。	考えの形成
おもしろさを話し合おう／あらしの夜に／読書のへや③	1	○「あらしの夜に」のおもしろさを考え，話し合う。	考えの形成　共有
おもしろさを話し合おう／あらしの夜に／読書のへや④	1	○読みたい本を選んで読み，「読書の足あと」(読書記録) を書く。	読書

| 3年 | 学図 | 教科書【上】：p.110〜113　配当時数：2時間　配当月：9月 |

詩を味わおう

うち 知ってんねん／夕日がせなかをおしてくる

主領域　C読むこと

関連する道徳の内容項目　B友情，信頼　D感動，畏敬の念

到達目標

》知識・技能

○言葉には考えたことや思ったことを表す働きがあることに気づくことができる。

○文章全体の構成や内容の大体を意識しながら音読し，詩の世界を味わうことができる。

○新しく習う漢字を正しく読んだり書いたりすることができる。

》思考・判断・表現

○登場人物の気持ちや性格，詩の情景について，展開と結び付けて具体的に想像することができる。

○詩を読んで感じたことや考えたことを共有し，一人一人の感じ方に違いがあることに気づくことができる。

》主体的に学習に取り組む態度　※「主体的に学習に取り組む態度」は方向目標を示しています。

○詩のおもしろいところや情景が伝わるように考えて音読しようとする。

評価規準

》知識・技能

○「うち 知ってんねん」や「夕日がせなかをおしてくる」の中の，考えたことや思ったことを表す言葉を見つけている。

○文章全体の構成や内容の大体を意識しながら音読し，詩の世界を味わっている。

○新しく習う漢字を正しく読んだり書いたりしている。

● 対応する学習指導要領の項目：(1) ア，エ，ク

》思考・判断・表現

○「うち」や「あの子」の気持ちや性格を，詩の展開に結び付けて具体的に想像している。

○「夕日がせなかをおしてくる」を読み，情景について具体的に想像している。

○2つの詩のおもしろいところや情景について感想を交流し，友達と自分の感じ方に違いがあることに気づいている。

● 対応する学習指導要領の項目：C (1) エ，カ

》主体的に学習に取り組む態度

○詩のおもしろいところや情景が伝わるように考え，声の調子を変えるなどの工夫をして音読している。

学習活動

小単元名	時数	学習活動	学習の過程
うち 知ってんねん／夕日がせなかをおしてくる	2	○情景を想像しながら音読し，感想を話し合う。 ・「うち 知ってんねん」を読み，発想や表現のおもしろさに気づく。 ・「夕日がせなかをおしてくる」の情景を想像しながら読み味わう。	精査・解釈
		○好きな詩を選んで情景を想像しながら音読し，感想を話し合う。	共有

| 3年 | 学図 | 教科書【上】：p.114〜117　配当時数：8時間　配当月：9月 |

5 様子をくわしく書こう

つたえたいことがいっぱい

主領域　B書くこと

到達目標

≫知識・技能

○言葉には考えたことや思ったことを表す働きがあることに気づくことができる。

○様子や行動，気持ちや性格を表す語句の量を増やし，文や文章の中で使うことができる。

○主語と述語との関係，修飾と被修飾との関係，指示する語句と接続する語句，段落の役割について理解することができる。

○新しく習う漢字を正しく読んだり書いたりすることができる。

≫思考・判断・表現

○書く内容を明確にし，内容のまとまりで段落を作るなど文章の構成を考えることができる。

○文章に対する感想や意見を伝え合い，自分の文章のよいところを見つけることができる。

≫主体的に学習に取り組む態度　※「主体的に学習に取り組む態度」は方向目標を示しています。

○日常の出来事の中から伝えたいことを選び，感じたことや思ったことについて様子がよくわかるように書き表そうとする。

評価規準

≫知識・技能

○自分の気持ちや考えを表す言葉を使って文や文章を書いている。

○様子や行動，気持ちや性格を表す語句を選んで文中で使っている。

○主語と述語が正しくつながっているか，修飾語や指示語を適切に使っているか，内容ごとに段落を分けているかなどに気をつけて書いている。

○新しく習う漢字を正しく読んだり書いたりしている。

　　　　　　　　　　　　　　　　　　　　　　　　● 対応する学習指導要領の項目：(1) ア，エ，オ，カ

≫思考・判断・表現

○内容ごとに段落を分けるなど文章の構成を考えて書いている。

○伝えたいことの様子や自分の思いなどを表に整理して，伝えたい内容を明確にしている。

○書いた文章を友達と読み合い，感想を伝え合ってよいところを見つけている。

　　　　　　　　　　　　　　　　　　　　　　　　● 対応する学習指導要領の項目：B (1) イ，オ

≫主体的に学習に取り組む態度

○日常の出来事の中でどんなことを伝えたいかを考えている。

○伝えたいことについて，その時の様子や出来事，感じたことや思ったことをよく思い出して表にまとめている。

○伝えたいことの様子がよくわかるように工夫して書こうとしている。

学習活動

小単元名	時数	学習活動	学習の過程
つたえたいことがいっぱい①	2	○様子を詳しく書く書き方を理解する。 ・115ページを読み，組み立てを考えた表の整理の仕方を理解する。 ・116・117ページの吹き出しの言葉に着目し，様子を詳しく書く書き方を理解する。	内容の検討
つたえたいことがいっぱい②	5	○毎日の出来事から書くことを選び，自分の思いを整理して，その様子を詳しく書く。 ・自分が伝えたいことを選び，表に整理する。	題材の選定 情報の収集 構成の検討
		・様子がよく伝わるように，言葉を選びながら文章を書く。 ・主語，述語のつながりが正しいか，様子を詳しく表す言葉を使っているかを見直し，文章をよりよくする。	記述　推敲
つたえたいことがいっぱい③	1	○文章を読み合い，感想を伝え合う。	共有

3年

| 3年 | 学図 | 教科書【上】：p.118〜119　配当時数：2時間　配当月：9月 |

言葉を聞き取ろう

校内放送を聞き取ろう

主領域　A話すこと・聞くこと

到達目標

≫知識・技能
○言葉の抑揚や強弱，間の取り方などに注意して話したり聞いたりすることができる。
○新しく習う漢字を正しく読んだり書いたりすることができる。

≫思考・判断・表現
○大事なことに耳を傾け注意深く聞き取ることができる。

≫主体的に学習に取り組む態度　※「主体的に学習に取り組む態度」は方向目標を示しています。
○必要なことをしっかりと聞き取ろうとする。

評価規準

≫知識・技能
○言葉の抑揚や強弱，間の取り方などに注意して校内放送を聞いている。
○新しく習う漢字を正しく読んだり書いたりしている。

　　　　　　　　　　　　　　　　　　　　　　　　　　● 対応する学習指導要領の項目：(1) イ，エ

≫思考・判断・表現
○大事なことに耳を傾け注意深く聞き取っている。

　　　　　　　　　　　　　　　　　　　　　　　　　　● 対応する学習指導要領の項目：A (1) エ

≫主体的に学習に取り組む態度
○必要なことをしっかりと聞き取ろうとしている。

　　　　　　　　　　　　　　　　　　　　　　　　　　　　　　　　　　　　　　　●

学習活動

小単元名	時数	学習活動	学習の過程
校内放送を聞き取ろう	2	○118 ページの「プリント」を見ながら，教師が読む校内放送の内容と聞き比べる。 ・「プリント」に，変わったところを書きこんでもよい。 ○各自が作ったメモと放送内容を互いに聞き合い，確かめ合う。	情報の収集　共有
		○必要なことを聞くためにはどんなことに気をつければいいか話し合う。	考えの形成　共有

| 3年 | 学図 | 教科書【上】：p.120〜123　配当時数：6時間　配当月：9月 |

考えのまとめ方・広げ方

考えをまとめよう，広げよう

主領域　B書くこと

到達目標

》知識・技能
○様子や行動，気持ちや性格を表す語句の量を増やし文章の中で使うとともに，言葉には性質や役割による語句のまとまりがあることを理解し，語彙を豊かにすることができる。
○比較や分類の仕方，必要な語句の書き留め方を理解することができる。
○新しく習う漢字を正しく読んだり書いたりすることができる。

》思考・判断・表現
○集めた材料を比較したり分類したりして，伝えたいことを明確にすることができる。

》主体的に学習に取り組む態度　※「主体的に学習に取り組む態度」は方向目標を示しています。
○考えをまとめたり広げたりする方法を知り，実際にカードに書き出してまとめたり言葉どうしを結び付けて広げたりしようとする。

評価規準

》知識・技能
○出された意見の中から様子や行動，気持ちや性格を表す言葉を見つけたり，あるテーマから思いついた言葉をつなげたりしている。
○出された意見をグループごとにまとめて整理したり，あるテーマから思いついた言葉を書き留めたりしている。
○新しく習う漢字を正しく読んだり書いたりしている。
　　　　　　　　　　　　　　　　　　　　　　　　●対応する学習指導要領の項目：(1) エ，オ　　(2) イ

》思考・判断・表現
○あるテーマについて出された意見をグループごとに分類している。
○あるテーマについて，そこから思いついた言葉を結び付けながら広げている。
　　　　　　　　　　　　　　　　　　　　　　　　●対応する学習指導要領の項目：B (1) ア

》主体的に学習に取り組む態度
○あるテーマについて出された意見をカードに書いたり，グループごとに分類したりして自分の考えをまとめようとしている。
○あるテーマに沿って思いついた言葉を，関係のある言葉どうしをつなげながら書き出し，考えを広げようとしている。

学習活動

小単元名	時数	学習活動	学習の過程
考えをまとめよう，広げよう①	3	○考えのまとめ方の方法を理解し，練習する。 ・121ページを参考にして考えのまとめ方の方法を理解する。 ・関心のある事柄について，考えのまとめ方の方法を練習する。	題材の選定 情報の収集
考えをまとめよう，広げよう②	3	○考えの広げ方の方法を理解し，練習する。 ・122・123ページを参考にして考えの広げ方の方法を理解する。 ・関心のある事柄について，考えの広げ方の方法を練習する。	題材の選定 情報の収集

| 3年 | 学図 | 教科書【上】：p.124～127　配当時数：4時間　配当月：10月 |

言葉をおくろう

あんないじょうを書こう

主領域　B書くこと

関連する道徳の内容項目　B感謝／礼儀

到達目標

》知識・技能
○敬体と常体との違いに注意しながら書くことができる。
○新しく習う漢字を正しく読んだり書いたりすることができる。

》思考・判断・表現
○間違いを正したり，相手や目的を意識した表現になっているかを確かめたりして文章を整えることができる。
○行事の案内やお礼の文章を書くなど，伝えたいことを手紙に書く活動ができる。

》主体的に学習に取り組む態度　※「主体的に学習に取り組む態度」は方向目標を示しています。
○案内状の書き方を理解し，伝えたいことを考えて案内状を書こうとする。

評価規準

》知識・技能
○案内状を送る相手を意識して，丁寧な言葉を使い敬体で書いている。
○新しく習う漢字を正しく読んだり書いたりしている。
● 対応する学習指導要領の項目：(1) エ，キ

》思考・判断・表現
○案内状を送る相手に合った文章になっているか気をつけたり，間違いがないか読み返したりして文章を整えている。
○伝えたいことについて考えてメモにまとめ，書く事柄を整理して案内状を書いている。
● 対応する学習指導要領の項目：B (1) エ　(2) イ

》主体的に学習に取り組む態度
○誰にどんな案内状を送るのかを意識して，書く内容や言葉遣いに気をつけて文章を整えて案内状を書いている。

学習活動

小単元名	時数	学習活動	学習の過程
あんないじょうを書こう①	1	○案内状の形式や内容について理解する。	内容の検討

あんないじょうを書こう②	2	○相手を決めて，伝えたいことをメモにまとめる。 ・125 ページの例を参考にする。	題材の設定
		○メモをもとにして，案内状を書く。 ・126 ページの例を参考にする。 ○127 ページで封筒の書き方を確かめ，相手や自分の住所と名前を書く。	記述
あんないじょうを書こう③	1	○書いた案内状を読み返して，間違いなどを直す。 ・127 ページの見直しの観点①～⑤に沿って案内状を読み返し，間違いなどを直す。	推敲

| 3年 | 学図 | 教科書【上】：p.128〜131　配当時数：3時間　配当月：10月 |

ローマ字

到達目標

》知識・技能
○日常使われている簡単な単語について，ローマ字で表されたものを読み，ローマ字で書くことができる。

》主体的に学習に取り組む態度　※「主体的に学習に取り組む態度」は方向目標を示しています。
○ローマ字の書き表し方のきまりがわかり，日常使う単語をローマ字で読み書きしようとする。

評価規準

》知識・技能
○身の回りにあるローマ字で表記されたものを読んだり，ローマ字で書いたりしている。

● 対応する学習指導要領の項目：(1) ウ

》主体的に学習に取り組む態度
○ローマ字の書き表し方のきまりがわかり，身の回りのものや日常使う単語をローマ字で読み書きしている。

学習活動

小単元名	時数	学習活動	学習の過程
ローマ字	3	○ローマ字による表記の決まりを理解し，ローマ字を正しく書く。 ・131 ページのローマ字の表を見て，ローマ字表記の仕組みを考える。 ○身の回りのローマ字を探す。 ○ローマ字による「長音」「促音」「拗音」「撥音」の書き表し方を理解する。	

| 3年 | 学図 | 教科書【上】：p.132～132　配当時数：1時間　配当月：10月 |

言葉をつないで文を作ろう3

2年生で習った漢字③

| 主領域 | B書くこと |

到達目標

≫知識・技能
○第2学年までに配当されている漢字を，文や文章の中で使うことができる。

≫思考・判断・表現
○絵や目的に合った漢字を使って文を書いたり，間違いを正したりすることができる。

≫主体的に学習に取り組む態度　※「主体的に学習に取り組む態度」は方向目標を示しています。
○ 132ページの言葉を使って，主語と述語のつながりに気をつけて絵に合った文を書こうとする。

評価規準

≫知識・技能
○ 2年生で学習した漢字を使って文や文章を作っている。

──● 対応する学習指導要領の項目：(1) エ

≫思考・判断・表現
○絵や目的に合った漢字を使って文を書いたり，間違いを正したりしている。

──● 対応する学習指導要領の項目： B (1) エ

≫主体的に学習に取り組む態度
○ 132ページの言葉を使って，主語と述語のつながりに気をつけて絵に合った文を書いている。

──●

学習活動

小単元名	時数	学習活動	学習の過程
2年生で習った漢字③	1	○132ページにある言葉を使って，絵の様子を表す文を作る。 ・主語と述語のつながりに気をつける。 ・間違いがないか確かめる。	推敲

| 3年 | 学図 | 教科書【下】：p.1〜1　配当時数：1時間　配当月：10月 |

いきもの

主領域　C読むこと

関連する道徳の内容項目　D自然愛護／感動，畏敬の念

到達目標

≫知識・技能
○言葉には考えたことや思ったことを表す働きがあることに気づくことができる。
○詩の内容の大体を意識しながら音読することができる。

≫思考・判断・表現
○詩に描かれている情景を具体的に思いうかべることができる。

≫主体的に学習に取り組む態度　※「主体的に学習に取り組む態度」は方向目標を示しています。
○書かれている題材に関心をもち，詩を音読しようとする。

評価規準

≫知識・技能
○言葉には考えたことや思ったことを表す働きがあることに気づいている。
○語のまとまりや言葉の響きに気をつけて音読している。

　　　　　　　　　　　　　　　　　　　　　●対応する学習指導要領の項目：(1) ア，ク

≫思考・判断・表現
○場面の様子や情景を想像しながら，詩を音読している。

　　　　　　　　　　　　　　　　　　　　　●対応する学習指導要領の項目：C (1) エ

≫主体的に学習に取り組む態度
○詩の情景を思いうかべながら音読している。

学習活動

小単元名	時数	学習活動	学習の過程
いきもの	1	○詩に描かれている情景や心情を思いうかべながら読む。 ・情景や心情が表れるように工夫して音読する。	精査・解釈

| 3年 | 学図 | 教科書【 下 】：p.6〜9　配当時数：3時間　配当月：10月 |

言葉から想像しよう

言葉と言葉のつながりを楽しもう

主領域　A話すこと・聞くこと

到達目標

≫知識・技能

○言葉には考えたことや思ったことを表す働きがあることに気づくことができる。

○様子や行動，気持ちや性格を表す語句の量を増し，話や文章の中で使うとともに，言葉には性質や役割による語句のまとまりがあることを理解し，語彙を豊かにすることができる。

○新しく習う漢字を正しく読んだり書いたりすることができる。

≫思考・判断・表現

○伝えるために集めた材料を比較したり分類したりして，伝え合うために必要な事柄を選ぶことができる。

≫主体的に学習に取り組む態度　※「主体的に学習に取り組む態度」は方向目標を示しています。

○ある言葉から思いうかんだ言葉を，いくつかのやり方で楽しみながらつなごうとする。

評価規準

≫知識・技能

○ある言葉から思いうかんだ別の言葉を書き出している。

○書き出した言葉を仲間ごとに分けたりさらに言葉を思いうかべたりして言葉をつないでいる。

○新しく習う漢字を正しく読んだり書いたりしている。

●対応する学習指導要領の項目：(1) ア，エ，オ

≫思考・判断・表現

○集めた言葉を比較したり分類したりして，7〜9ページのゲームに合うような言葉を選んでいる。

●対応する学習指導要領の項目：A (1) ア

≫主体的に学習に取り組む態度

○ある言葉から思いうかんだ言葉を，7〜9ページのやり方で楽しみながらつなごうとしている。

学習活動

小単元名	時数	学習活動	学習の過程
言葉と言葉のつながりを楽しもう	3	○6ページを参考にして，思いうかんだ言葉をつなげていく方法を知る。	内容の検討
		・7ページを参考にして，言葉の「くさり」を作って確かめ合う。 ・8ページを参考にして，言葉の「かんらん車」を作って確かめ合う。 ・9ページを参考にして，言葉の「ゴール」を決めて，言葉遊びを楽しむ。	情報の収集　共有

| 3年 | 学図 |

教科書【下】：p.10〜17　配当時数：5時間　配当月：10月

1 要約してつながりを読もう

ネコのひげ

| 主領域 | C読むこと

| 関連する道徳の内容項目 | D自然愛護

到達目標

≫知識・技能

○文章全体の構成や内容の大体を意識しながら音読することができる。

○考えと理由や事例，全体と中心の関係について理解することができる。

○新しく習う漢字を正しく読んだり書いたりすることができる。

≫思考・判断・表現

○段落ごとの要点をとらえ，段落相互の関係を考えながら，考えとそれを支える理由や事例との関係について叙述をもとに捉えることができる。

○目的を意識して，中心となる語や文を見つけて要約することができる。

○文章を読んで理解したことに基づいて感想や考えをもつことができる。

○文章を読み，内容を説明したり考えたことなどを伝え合ったりすることができる。

≫主体的に学習に取り組む態度　※「主体的に学習に取り組む態度」は方向目標を示しています。

○書かれていることの中心を確かめながら，要点をもとに要約文を作ったり段落どうしの関係をつかもうとする。

評価規準

≫知識・技能

○「ネコのひげ」の全体の構成や内容の大体を意識しながら音読している。

○問いと答え，全体と中心の関係について理解している。

○新しく習う漢字を正しく読んだり書いたりしている。

　　　　　　　　　　　　　　　　　　　　　●対応する学習指導要領の項目：(1) エ，ク　　(2) ア

≫思考・判断・表現

○段落ごとに，問いの文とその答えについて叙述をもとに捉えている。

○それぞれの段落から中心となる語や文を見つけて要点をまとめ，それをもとに要約文を書いている。

○「ネコのひげ」を読んで自分なりの感想をもっている。

○段落どうしの関係について話し合ったり，感想を伝え合ったりしている。

　　　　　　　　　　　　　　　　　　　　　●対応する学習指導要領の項目：C (1) ア，ウ，オ　　(2) ア

≫主体的に学習に取り組む態度

○書かれていることの中心を確かめながら，要点をもとに要約文を作ったり段落どうしの関係をつかもうとしている。

学習活動

小単元名	時数	学習活動	学習の過程
ネコのひげ①	3	○段落に①～⑫の番号を付け，文章全体の「はじめ・中・終わり」の構成を確かめる。 ・「はじめ」(①～③段落)…話題提示と，筆者の問い ・「中」(④～⑩段落)…ネコのひげの特別な仕組みと働き ・「終わり」(⑪・⑫段落)…ネコのひげについてのまとめ ○問いの文と答えを確かめ，要点をまとめる。	構造と内容の把握 精査・解釈
ネコのひげ②	2	○要点をもとに要約文を作り，段落どうしの関係をつかむ。	精査・解釈
		○整理した内容をもとにして，感想を伝え合う。	考えの形成　共有

| 3年 | 学図 | | 教科書【下】：p.18〜19　配当時数：2時間　配当月：10月 |

長い間使われてきた言葉を知ろう

慣用句

関連する道徳の内容項目 C伝統と文化の尊重，国や郷土を愛する態度

到達目標

≫知識・技能

○国語辞典の使い方を理解し，使うことができる。

○長い間使われてきた慣用句の意味を知り，使うことができる。

○新しく習う漢字を正しく読んだり書いたりすることができる。

≫主体的に学習に取り組む態度 ※「主体的に学習に取り組む態度」は方向目標を示しています。

○慣用句に興味をもち，国語辞典で調べたり使ったりしようとする。

評価規準

≫知識・技能

○慣用句を調べるために，国語辞典を正しく使っている。

○慣用句の意味や使い方を知り，文や文章の中で使っている。

○新しく習う漢字を正しく読んだり書いたりしている。

● 対応する学習指導要領の項目：(1) エ　(2) イ　(3) イ

≫主体的に学習に取り組む態度

○体に関わる言葉や動物・植物に関わる言葉，身の回りの道具が入った慣用句を，国語辞典で調べたり文や文章の中で使ったりしようとしている。

学習活動

小単元名	時数	学習活動	学習の過程
慣用句	2	○慣用句とはどういうものかを理解する。 ○「足が棒になる」「首を長くする」について，国語辞典で調べる。 ○19ページの「やってみよう」について，①〜④の言葉に関わる慣用句を国語辞典で調べ，カードを書く。	

246

3年　学図　　　　　　　　　　　　教科書【下】：p.20～21　配当時数：1時間　配当月：10月

きせつのたより
秋

到達目標

≫知識・技能
○言葉には性質や役割による語句のまとまりがあることを理解し，語彙を豊かにすることができる。

≫主体的に学習に取り組む態度　※「主体的に学習に取り組む態度」は方向目標を示しています。
○季節に対するものの見方や感じ方に注意して，秋の行事について考えようとする。

評価規準

≫知識・技能
○教科書の絵の中から秋に関わる様子や行事を表す語句を探し，文章の中で使うとともに語彙を豊かにしている。
　　　　　　　　　　　　　　　　　　　　　　　　　　　　　　● 対応する学習指導要領の項目：(1) オ

≫主体的に学習に取り組む態度
○季節に対するものの見方や感じ方に注意して，秋の行事について考え，感想を書いている。

学習活動

小単元名	時数	学習活動	学習の過程
秋	1	○20・21ページの言葉の意味を国語辞典で調べる。 ○秋に関わる言葉を出し合いカードに書き，紹介し合う。	

| 3年 | 学図 | 教科書【下】：p.22〜29　配当時数：6時間　配当月：10〜11月 |

2 絵から読み取ったことを話そう

ミニギャラリーの解説委員になろう

主領域　A話すこと・聞くこと

到達目標

≫知識・技能

○言葉には考えたことや思ったことを表す働きがあることに気づくことができる。

○相手を見て話したり聞いたりするとともに，言葉の抑揚や強弱，間の取り方などに注意して話すことができる。

○丁寧な言葉を使って話すことができる。

○新しく習う漢字を正しく読んだり書いたりすることができる。

≫思考・判断・表現

○絵から想像したことや考えたことについて，根拠を挙げながら中心が明確になるように話の構成を考えることができる。

○絵を解説する場面を意識して，言葉の抑揚や強弱，間の取り方などを工夫して話すことができる。

○わからないところを聞き返すなどしながら聞き，話し手が伝えたいことや自分が聞きたいことの中心を捉え，自分の考えをもつことができる。

○考えたこと，想像したことを話したり聞いたりすることができる。

≫主体的に学習に取り組む態度　　※「主体的に学習に取り組む態度」は方向目標を示しています。

○考えたことや想像したことについて，聞き手に伝わるように根拠を挙げながら解説しようとする。

評価規準

≫知識・技能

　○自分の考えや思ったことを表す言葉を選んでいる。

　○言葉の抑揚や強弱，間の取り方などに気をつけながら，絵を見に来たお客さん (友達) を見て話している。

　○丁寧な言葉を使って話している。

　○新しく習う漢字を正しく読んだり書いたりしている。

● 対応する学習指導要領の項目：(1) ア，イ，エ，キ

≫思考・判断・表現

　○絵から想像したことや考えたことを，根拠を挙げながら，中心が明確になるような構成を考えて話している。

　○聞き手によく伝わるように，言葉の抑揚や強弱，間の取り方などを工夫して話している。

　○わからないところを聞き返すなどしながら解説を聞き，友達の解説に対して自分の考えをもっている。

　○絵について考えたこと，想像したことを表にまとめて友達に解説したり，友達の解説を聞いたりしている。

● 対応する学習指導要領の項目：A (1) イ，ウ，エ　(2) ア

≫主体的に学習に取り組む態度

　○１枚の絵について感じたこと，想像したことなどをまとめ，聞いている友達によく伝わるように根拠を挙げたり話し方を工夫したりして話そうとしている。

学習活動

小単元名	時数	学習活動	学習の過程
ミニギャラリーの解説委員になろう①	1	○22ページ「学習の見通しをもとう」を読み，絵を解説する学習の見通しをもつ。	見通し
		・23ページの絵を見て，想像したことや考えたことを話し合う。	考えの形成　共有
ミニギャラリーの解説委員になろう②	2	○23ページの絵を解説する。	考えの形成　共有
		・絵から想像したり考えたりしたことをノートに書く。	情報の収集
		・ノートに書いたことを，25ページを参考にして表にまとめる。	内容の検討 構成の検討
		・表をもとに解説内容をまとめて，友達に解説する。	表現　共有
ミニギャラリーの解説委員になろう③	3	○28・29ページ「第二の部屋」の絵から1つ選んで解説する。	話題の設定
		・23ページの絵の学習と同様に，表を作って感じたことや根拠などをまとめ，自分が選んだ絵の解説をする。	内容の検討 構成の検討
		・友達の解説に質問をしたり感想を伝えたりしながら，絵のよさを話し合う。	表現　共有

3年

| 3年 | 学図 | 教科書【下】：p.30〜31　配当時数：2時間　配当月：11月 |

文章の書き方・まとめ方

作文をよりよくしよう

主領域　B書くこと

到達目標

≫知識・技能
○漢字と仮名を用いた表記や送り仮名の付け方，改行の仕方を理解して文や文章の中で使うことができる。
○主語と述語の関係，修飾と被修飾の関係，指示語や接続語の役割，段落の役割などについて理解することができる。

≫思考・判断・表現
○間違いを正したり，相手や目的を意識した表現になっているかを確かめたりして文や文章を整えることができる。

≫主体的に学習に取り組む態度　※「主体的に学習に取り組む態度」は方向目標を示しています。
○漢字と仮名で書く表記のきまり，文法事項のきまり，推敲の仕方を理解し，自分の文章をよりよいものにしようとする。

評価規準

≫知識・技能
○漢字表記や仮名遣い，改行の仕方を理解して，文や文章の中で使っている。
○主述の関係，修飾被修飾の関係，指示語・接続語・段落の役割を理解して文や文章の中で正しく使っている。
　　　　　　　　　　　　　　　　　　　　　　　　　●対応する学習指導要領の項目：(1) ウ，カ

≫思考・判断・表現
○自分が書いた文章について，表記などの間違いがないか推敲して文章を整えている。
　　　　　　　　　　　　　　　　　　　　　　　　　●対応する学習指導要領の項目：B (1) エ

≫主体的に学習に取り組む態度
○漢字と仮名で書く表記のきまり，文法事項のきまり，推敲の仕方を理解し，自分の文章をよりよいものにしようとしている。

学習活動

小単元名	時数	学習活動	学習の過程
作文をよりよくしよう	2	○30・31ページを参考に，推敲の仕方を理解する。 ○これまで書いた自分の文章を推敲する。	推敲

250

| 3年 | 学図 | 教科書【下】：p.32〜32　配当時数：1時間　配当月：11月 |

漢字の広場

三年生で学ぶ漢字

到達目標

≫知識・技能
○新しく習う漢字を正しく読んだり書いたりすることができる。

≫主体的に学習に取り組む態度　※「主体的に学習に取り組む態度」は方向目標を示しています。
○ 32 ページに出てくる新出漢字を声に出して読んだりノートに書き写したりしようとする。

評価規準

≫知識・技能
○新しく習う漢字を正しく読んだり書いたりしている。

対応する学習指導要領の項目：(1) エ

≫主体的に学習に取り組む態度
○ 32 ページに出てくる新出漢字を，声に出して読んだりノートに書き写したりしている。

学習活動

小単元名	時数	学習活動	学習の過程
三年生で学ぶ漢字	1	○32 ページに出てくる新出漢字を読み書きする。	

| 3年 | 学図 | 教科書【下】：p.33〜33　配当時数：1時間　配当月：11月 |

言葉をつないで文を作ろう1

2年生で習った漢字①

主領域　B書くこと

到達目標

≫知識・技能
○第2学年までに配当されている漢字を，文や文章の中で使うことができる。

≫思考・判断・表現
○絵や目的に合った漢字を使って文を書いたり，間違いを正したりすることができる。

≫主体的に学習に取り組む態度　　※「主体的に学習に取り組む態度」は方向目標を示しています。
○ 33ページにある様子を表す言葉を使って，絵に合った文を書こうとする。

評価規準

≫知識・技能
○2年生で学習した漢字を使って文や文章を作っている。
●対応する学習指導要領の項目：(1) エ

≫思考・判断・表現
○絵や目的に合った漢字を使って文を書いたり，間違いを正したりしている。
●対応する学習指導要領の項目：B (1) エ

≫主体的に学習に取り組む態度
○ 33ページにある様子を表す言葉を使って，絵に合った文を書いている。

学習活動

小単元名	時数	学習活動	学習の過程
2年生で習った漢字①	1	○33ページにある様子を表す言葉を使って，絵の様子を表す文を作る。 ・間違いがないか確かめる。	推敲

| 3年 | 学図 | | 教科書【下】：p.34〜35　配当時数：6時間　配当月：11月 |

ゆたかに表現しよう

ほかのものになりきって

主領域　B書くこと

到達目標

》知識・技能
○言葉には，思ったことや考えたことを表す働きがあることに気づくことができる。

》思考・判断・表現
○経験したことや想像したことなどから書くことを選び，集めた材料を比較したり分類したりして伝えたいことを明確にすることができる。

○文章に対する感想や意見を伝え合い，自分の文章のよいところを見つけることができる。

○日常の中で感動したことや発見したことを，表現を工夫して詩に表現することができる。

》主体的に学習に取り組む態度　※「主体的に学習に取り組む態度」は方向目標を示しています。
○詩を書くことに関心をもち，詩に書く内容を身の回りから選び，表現を工夫して詩を書こうとする。

評価規準

》知識・技能
○詩を書くときに，自分が思ったことや考えたことを表す言葉を選んで使っている。

──● 対応する学習指導要領の項目：(1) ア

》思考・判断・表現
○身の回りの物から自分がなりきる物を選んで，その物の様子や考えたことを書き出し，どんなことを伝えたいかを明確にしている。

○友達と詩を読み合って感想や意見を伝え合い，自分の詩のよいところに気づいている。

○日常の中で感動したことや発見したことを，表現を工夫して詩に表現している。

──● 対応する学習指導要領の項目：B (1) ア，オ　(2) ウ

》主体的に学習に取り組む態度
○身の回りから自分がなりきる人物や物を選び，それが何かがわかるようなヒントを考えながら言葉を集めている。

学習活動

小単元名	時数	学習活動	学習の過程
ほかのものになりきって①	2	○学習のめあてをつかみ，詩の書き方を確かめる。 ・「ほかのものになりきって」という学習のめあてをつかむ。	題材の設定
		・34・35ページの2つの詩から題名やヒントとなる言葉を見つけて，ほかの物や人になりきり，詩を書く方法を確かめる。	考えの形成　共有

253

ほかのものになりきって②	4	○題材を見つけて，表現を工夫して詩を書く。	題材の設定
		・ほかの物や人になりきるために，詩に書きたい物や人の様子や考えたことなどを書き出す。	情報の収集
		・書き出したことをもとにして，表現を工夫して詩を書く。	記述　推敲
		・書いた詩を読み合い，感想を伝え合う。	共有

| 3年 | 学図 | 教科書【下】：p.36～37　配当時数：2時間　配当月：11月 |

言葉のきまり1

こそあど言葉

到達目標

≫知識・技能
○指示語の役割について理解することができる。

○新しく習う漢字を正しく読んだり書いたりすることができる。

≫主体的に学習に取り組む態度　※「主体的に学習に取り組む態度」は方向目標を示しています。
○こそあど言葉の働きを理解して適切に使おうとする。

評価規準

≫知識・技能
○こそあど言葉の種類や役割について理解し，文の中で適切に使っている。

○新しく習う漢字を正しく読んだり書いたりしている。

●対応する学習指導要領の項目：(1) エ，カ

≫主体的に学習に取り組む態度
○こそあど言葉の働きを理解して文や文章の中で使ったり，こそあど言葉が文章の中で何を指しているかを理解したりしている。

学習活動

小単元名	時数	学習活動	学習の過程
こそあど言葉	2	○「こそあど言葉」の使い方を理解し，正しく使う。 ・「こそあど言葉」が，物事を指し示すために使う言葉であることを理解する。 ・36ページ下段の表で，「こそあど言葉」の働きを理解する。 ・37ページ上段の表で，「こそあど言葉」の種類と分類を理解する。 ・37ページの設問「①」「②」を学習する。	

3年	学図

教科書【下】：p.38〜55　配当時数：6時間　配当月：11月

3 人物の変化を読もう

モチモチの木／絵をくらべながら読もう

主領域　C読むこと

関連する道徳の内容項目　A善悪の判断，自律，自由と責任　B親切，思いやり　C家族愛，家庭生活の充実

到達目標

≫知識・技能

○言葉には，考えたことや思ったことを表す働きがあることに気づくことができる。

○比較の仕方を理解することができる。

○新しく習う漢字を正しく読んだり書いたりすることができる。

≫思考・判断・表現

○登場人物の行動や気持ちについて，叙述をもとに捉えることができる。

○登場人物の気持ちの変化や性格，情景について，場面の移り変わりと結び付けて具体的に想像することができる。

○物語を読んで理解したことに基づいて，感想や考えをもつことができる。

○物語を読んで感じたことや考えたことを共有し，一人一人の感じ方に違いがあることに気づくことができる。

○物語を読んで，内容を説明したり考えたことなどを伝え合ったりする活動ができる。

≫主体的に学習に取り組む態度　※「主体的に学習に取り組む態度」は方向目標を示しています。

○場面の移り変わりとともに，変化する登場人物の気持ちを捉えようとする。

評価規準

≫知識・技能

○物語を読んで，考えたことや思ったことを表す言葉を見つけている。

○54・55ページに掲載の物語の挿絵について，2つを比べて伝わる様子の違いを考えている。

○新しく習う漢字を正しく読んだり書いたりしている。

　　　　　　　　　　　　　　　　　　　　　→ 対応する学習指導要領の項目：(1) ア，エ　　(2) イ

≫思考・判断・表現

○「豆太」や「じさま」の行動や気持ちについて，物語の叙述をもとに捉えている。

○「豆太」の性格や気持ちの変化，場面の情景について，場面の移り変わりと結び付けて具体的に想像している。

○「モチモチの木」を読んで，自分なりの感想や考えをもっている。

○感じたことや考えたことを友達と共有し，感じ方に違いがあることに気づいている。

○「モチモチの木」を読んで，友達に内容を説明したり考えたことを伝え合ったりしている。

　　　　　　　　　　　　　　　　　　→ 対応する学習指導要領の項目：C (1) イ，エ，オ，カ　　(2) イ

≫主体的に学習に取り組む態度

○場面の移り変わりとともに，変化する「豆太」の気持ちを捉えている。

○「豆太」についてどう思うか，自分の考えを発表している。

学習活動

小単元名	時数	学習活動	学習の過程
モチモチの木①	1	○全文を読んであらすじをつかみ，学習のめあてをもつ。 ・全体が5つのまとまりに分かれていることを確かめる。	構造と内容の把握
モチモチの木②	3	○登場人物の性格や人物像を捉える。 ・モチモチの木と豆太の様子 ・霜月二十日の話と豆太の様子 ・医者様を呼びに行った豆太の行動や気持ち ・じさまの言葉や様子 ○豆太が出来事を通して変わったところ，変わっていないところを確かめる。	精査・解釈
絵をくらべながら読もう	2	○54・55ページの2つの挿絵を比較して，違いについて考える。	精査・解釈 考えの形成
		・55ページ「豆太は見た」の場面の文章を読み，どちらの挿絵が物語の場面の様子をよりよく伝えているかを考え，話し合う。	考えの形成　共有

| 3年 | 学図 | 教科書【下】：p.56〜57　配当時数：2時間　配当月：12月 |

言葉のきまり2

言葉のなかま分け

到達目標

≫知識・技能

○言葉には性質や役割による語句のまとまりがあることを理解することができる。

○比較や分類の仕方を理解することができる。

○新しく習う漢字を正しく読んだり書いたりすることができる。

≫主体的に学習に取り組む態度　　※「主体的に学習に取り組む態度」は方向目標を示しています。

○言葉の特徴や使い方に気をつけて，楽しみながら言葉を仲間分けしようとする。

評価規準

≫知識・技能

○言葉が「名前や事柄を表す」「動きを表す」「様子を表す」などの特徴で仲間分けできることを理解している。

○言葉の仲間を理解し，57ページの練習問題の言葉を名詞，動詞，形容詞・形容動詞に分類している。

○新しく習う漢字を正しく読んだり書いたりしている。

● 対応する学習指導要領の項目：(1) エ，オ　　(2) イ

≫主体的に学習に取り組む態度

○言葉の特徴や使い方に気をつけて，楽しみながら言葉を仲間分けしている。

学習活動

小単元名	時数	学習活動	学習の過程
言葉のなかま分け	2	○56・57ページを読み，同じ特徴で言葉を分ける分け方を理解する。 ○57ページの設問をもとに，特徴を決めて仲間分けをする。	

| 3年 | 学図 |

教科書【下】：p.58〜61　配当時数：9時間　配当月：12月

4 ぎ問を調べて書こう

「はてな」を調べて書こう

主領域　B書くこと

到達目標

≫知識・技能
○段落の役割について理解することができる。
○丁寧な言葉を使うとともに，敬体と常体の違いに注意しながら書くことができる。

≫思考・判断・表現
○書く内容の中心を明確にし，内容のまとまりで段落を作ったり段落相互の関係に注意したりして，文章の構成を考えることができる。
○自分の考えと事例との関係を明確にして書き表し方を工夫することができる。
○調べたことやそれをもとに考えたことなどを整理し，報告文に書くことができる。

≫主体的に学習に取り組む態度　※「主体的に学習に取り組む態度」は方向目標を示しています。
○身の回りの疑問について，さまざまな方法で調べて友達に報告する文章にまとめようとする。

評価規準

≫知識・技能
○「はじめ」「中」「終わり」の段落の役割を理解している。
○友達に報告するという目的に照らし，敬体表現を使って文章を書いている。
　　　　　　　　　　　　　　　　　　　　　　　　　　● 対応する学習指導要領の項目：(1) カ，キ

≫思考・判断・表現
○調べてわかったことを「中」に書くように，組み立てメモを作って文章の構成を考えている。
○自分の疑問と調べてわかったことが区別できるように，書き表し方を工夫して書いている。
○疑問について調べたことや考えたことなどをまとめて報告文を書いている。
　　　　　　　　　　　　　　　　　　　　　● 対応する学習指導要領の項目：B (1) イ，ウ　(2) ア

≫主体的に学習に取り組む態度
○身の回りの「はてな」について，本やインターネットで調べたり知っている人にきいたりして，報告文にまとめている。

学習活動

小単元名	時数	学習活動	学習の過程
「はてな」を調べて書こう①	2	○60・61 ページを参考にして，「はてな」を調べて書く書き方を理解する。	内容の把握

259

「はてな」を調べて書こう②	2	〇自分の「はてな」を調べる。 ・自分の「はてな」を書き出す。 ・本やインターネットを使って自分の「はてな」を調べる。	題材の選定 情報の収集
「はてな」を調べて書こう③	5	〇自分の「はてな」について調べてわかったことを書く。 ・60・61 ページの組み立てメモを参考に組み立て表を作る。 ・「はじめ」「中」「終わり」のつながりに気をつけて報告文を書く。	構成の検討　記述
		・書き終わった報告文を読み返し，文章を整える。	推敲

| 3年 | 学図 |

教科書【下】：p.62〜65　配当時数：3時間　配当月：12月

読書を広げよう

本のポップを作ろう／読書の部屋

| 主領域 | C読むこと |

| 関連する道徳の内容項目 | A個性の伸長 |

到達目標

》知識・技能

○幅広く読書に親しみ，読書が，必要な知識や情報を得ることに役立つことに気づくことができる。

○新しく習う漢字を正しく読んだり書いたりすることができる。

》思考・判断・表現

○文章を読んで理解したことに基づいて，感想や考えをもつことができる。

○読んだ本について内容を説明したり，考えたことを伝え合ったりする活動ができる。

》主体的に学習に取り組む態度　※「主体的に学習に取り組む態度」は方向目標を示しています。

○自分が選んだ本を読み，その本を読んでもらえるようなポップを工夫して書こうする。

評価規準

》知識・技能

○読書が，必要な知識や情報を得ることに役立つことに気づき，いろいろな種類の本を読んでいる。

○新しく習う漢字を正しく読んだり書いたりしている。

● 対応する学習指導要領の項目：(1) エ　(3) オ

》思考・判断・表現

○自分が読んだ本について，感想や考えをもっている。

○読んだ本を紹介するポップを作ったり，紹介された本を読んでその感想を友達に伝えたりしている。

● 対応する学習指導要領の項目：C (1) オ　(2) イ

》主体的に学習に取り組む態度

○自分が選んだ本について，文章を引用したり絵をかいたりして友達に薦めるポップを作っている。

学習活動

小単元名	時数	学習活動	学習の過程
本のポップを作ろう	2	○本を読んで，友達に薦めるポップを書く。 ・書店にある宣伝文のポップについて理解する。 ・62ページ下段で，ポップの作り方を確かめる。	精査・解釈 考えの形成
		○工夫してポップを作り，読み合って感想を伝え合う。	共有

| 読書の部屋 | 1 | ○「読書の部屋」(64・65 ページ) を参考にして，読みたい本を選んで読む。 | |

| 3年 | 学図 |

教科書【下】：p.66〜67　配当時数：1時間　配当月：1月

きせつのたより

冬

到達目標

≫知識・技能
○言葉には性質や役割による語句のまとまりがあることを理解し，語彙を豊かにすることができる。

≫主体的に学習に取り組む態度　※「主体的に学習に取り組む態度」は方向目標を示しています。
○季節に対するものの見方や感じ方に注意して，冬の行事について考えようとする。

評価規準

≫知識・技能
○教科書の絵の中から冬に関わる様子や行事を表す語句を探し，文章の中で使うとともに語彙を豊かにしている。
● 対応する学習指導要領の項目：(1) オ

≫主体的に学習に取り組む態度
○季節に対するものの見方や感じ方に注意して，冬の行事について考え，感想を書いている。

学習活動

小単元名	時数	学習活動	学習の過程
冬	1	○66・67ページの言葉の意味を国語辞典で調べる。 ○冬に関わる言葉を出し合いカードに書き，紹介し合う。	

| 3年 | 学図 | | 教科書【下】：p.68〜69　配当時数：2時間　配当月：1月 |

みんなにつたえよう
これはわたしにおまかせください

| 主領域 | A話すこと・聞くこと |

到達目標

》知識・技能
○相手を見て話したり聞いたりするとともに，言葉の抑揚や強弱，間の取り方などに注意して話すことができる。
○丁寧な言葉遣いで話すことができる。

》思考・判断・表現
○目的を意識して日常生活の中から話題を決め，伝え合うために必要な情報を選ぶことができる。
○話の中心や話す場面を意識して，言葉の抑揚や強弱，間の取り方などを工夫することができる。
○話し手が伝えたいことの中心を捉え，疑問点など自分の考えをもつことができる。

》主体的に学習に取り組む態度　※「主体的に学習に取り組む態度」は方向目標を示しています。
○スピーチの仕方を理解し，友達の前で話そうとする。

評価規準

》知識・技能
○聞き手を見ながら，声の大きさや速さなどに注意して話している。
○丁寧な言葉を使って話している。
　　　　　　　　　　　　　　　　　　　　　　　●対応する学習指導要領の項目：(1) イ，キ

》思考・判断・表現
○自分が誰にも負けないと思うことを見つけて，具体的な事例を集めている。
○話の中心や話す場面を意識して，声の大きさ，速さ，間の取り方を工夫して話している。
○話し手がいちばん伝えたいことは何かを考えたり，感想や疑問点などを考えたりしながら聞いている。
　　　　　　　　　　　　　　　　　　　　　●対応する学習指導要領の項目：A (1) ア，ウ，エ

》主体的に学習に取り組む態度
○どうやったら伝えたいことがうまく伝わるか，興味をもって聞いてもらえるかを考えてスピーチしている。

学習活動

小単元名	時数	学習活動	学習の過程
これはわたしにおまかせください	2	○68・69ページのスピーチの例を読み，話し方の特徴について理解する。	話題の設定 内容の検討
		○自分が誰にも負けないと思えることについて話したり，友達の話したことについて質問したりする。	表現　共有

| 3年 | 学図 | 教科書【下】: p.70〜71　配当時数：2時間　配当月：1月 |

言葉のいずみ 1

漢字の組み立て（部首）

到達目標

≫知識・技能
○漢字がへんやつくりなどから構成されていることについて理解することができる。
○新しく習う漢字を正しく読んだり書いたりすることができる。

≫主体的に学習に取り組む態度　※「主体的に学習に取り組む態度」は方向目標を示しています。
○漢字が部首で分類されることを知り，同じ部首の漢字を探したり辞書で調べたりしようとする。

評価規準

≫知識・技能
○漢字がへんやつくりなどから構成されていることについて理解している。
○新しく習う漢字を正しく読んだり書いたりしている。

● 対応する学習指導要領の項目：(1) エ　(3) ウ

≫主体的に学習に取り組む態度
○部首によって，ある事柄と関係のある漢字が集まっていることを知り，漢字を仲間分けしようとしている。

学習活動

小単元名	時数	学習活動	学習の過程
漢字の組み立て（部首）	2	○漢字の組み立てと部首について理解する。 ・「へん」について理解する。 ・「つくり」について理解する。 ・「かんむり」「あし」について理解する。 ・「たれ」「にょう」「かまえ」について理解する。	

265

| 3年 | 学図 | 教科書【下】：p.72〜75　配当時数：9時間　配当月：1月 |

想像を広げよう

写真が動き出す

| 主領域 | B書くこと |

| 関連する道徳の内容項目 | C家族愛，家庭生活の充実　D自然愛護 |

到達目標

≫知識・技能
○言葉には，思ったことや考えたことを表す働きがあることに気づくことができる。

≫思考・判断・表現
○集めた材料を比較したり分類したりして伝えたいことを明確にすることができる。
○書く内容の中心を明確にし，場面設定をしたり内容のまとまりで段落を作ったりして，文章の構成を考えることができる。
○文章に対する感想や意見を伝え合い，自分の文章のよいところを見つけることができる。
○感じたことや想像したことを書く活動ができる。

≫主体的に学習に取り組む態度　※「主体的に学習に取り組む態度」は方向目標を示しています。
○物語をつくることに興味をもち，想像を働かせて楽しみながら物語を書こうとする。

評価規準

≫知識・技能
○思ったことや考えたことを表す言葉を選んで文章を書いている。
　　　　　　　　　　　　　　　　　　　　　　　　　● 対応する学習指導要領の項目：(1) ア

≫思考・判断・表現
○写真を見て，聞こえそうな声や雰囲気などを想像し，中心にする事柄を考えている。
○書く内容の中心に沿って場面設定をしたり，内容のまとまりで段落を作ったりして物語の構成を考えている。
○物語を読み合い，よいところを伝え合って，自分の物語のよいところを見つけている。
○写真から感じたことや想像したことをもとに物語を書いている。
　　　　　　　　　　　　　　　　　　● 対応する学習指導要領の項目：B (1) ア，イ，オ　(2) ウ

≫主体的に学習に取り組む態度
○物語をつくることに興味をもち，写真を見て想像を働かせ，楽しみながら物語を書いている。

学習活動

小単元名	時数	学習活動	学習の過程
写真が動き出す①	1	○「写真をもとにして想像を広げて物語をつくる」という学習のめあてをつかむ。	見通し

写真が動き出す②	4	○73 ページの写真をもとにして，物語を書く。	記述　推敲
		・74 ページの文章と脚注を対照させて書き方を確かめ，参考にする。	内容の検討
		・主人公と登場人物，場面の設定を考える。	構成の検討
		・はじめ (写真の前のこと)・中 (写真の中のこと)・終わり (写真の後のこと) の構成を考える。	
		・したことや会話，まわりの様子を考える。	情報の収集
写真が動き出す③	4	○75 ページの写真から 1 つを選び，写真をもとにして，物語を書く。	題材の選定　記述　推敲
		○書いた物語を読み合い，感想を伝え合う。	共有

| 3年 | 学図 | 教科書【 下 】：p.76〜82　配当時数：7時間　配当月：1〜2月 |

5 調べたことをほうこくしよう

遊びをくらべよう

| 主領域 | A話すこと・聞くこと |

| 関連する道徳の内容項目 | B礼儀 |

到達目標

≫知識・技能

○相手を見て話したり聞いたりするとともに，言葉の抑揚や強弱，間の取り方などに注意して話すことができる。

○比較や分類の仕方，必要な語句の書き留め方を理解することができる。

○新しく習う漢字を正しく読んだり書いたりすることができる。

≫思考・判断・表現

○集めた材料を比較したり分類したりして，伝え合うために必要な情報を選ぶことができる。

○話の中心や話す場面を意識して，言葉の抑揚や強弱，間の取り方などを工夫することができる。

○必要なことを記録したり質問したりしながら聞くことができる。

○質問するなどして情報を集め，発表する活動ができる。

≫主体的に学習に取り組む態度　※「主体的に学習に取り組む態度」は方向目標を示しています。

○調べたことを報告するために，取材をしたり，わかったことをまとめたりしようとする。

評価規準

≫知識・技能

○調べたことを報告するときに，聞き手を見たり，声の大きさや速さなどに気をつけて話している。

○遊びについて調べてわかったことを比べたり分類したりしている。

○新しく習う漢字を正しく読んだり書いたりしている。

●対応する学習指導要領の項目：(1) イ，エ　(2) イ

≫思考・判断・表現

○遊びについて取材して集めた材料を比較したり分類したりして，どの情報を報告するかを選んでいる。

○クラスのみんなに報告するとき，声の大きさや速さ，間の取り方などを工夫して話している。

○話を聞きながらメモを取ったりわからなかったことを聞き返したりして，インタビューなどの取材をしている。

○調べて集めた情報を，わかりやすくなるようにまとめて発表している。

●対応する学習指導要領の項目：A (1) ア，ウ，エ　(2) イ

≫主体的に学習に取り組む態度

○比べる遊びを選んで，どんな方法で調べるかを決めている。

○取材したことを，グループ内で出し合ってまとめている。

学習活動

小単元名	時数	学習活動	学習の過程
遊びをくらべよう①	1	○「調べたことを整理して，報告する」という学習のめあてをつかむ。	見通し
遊びをくらべよう②	1	○比べるものと調べる方法を，グループで話し合って決める。	話題の選定
遊びをくらべよう③	2	○決めた方法で調べる。 ・取材(質問・インタビュー)する，本やインターネットで調べるなど。	情報の収集
遊びをくらべよう④	2	○取材したことを整理し，比べて気づいたことなどをグループで話し合う。 ・80ページを参考にして表にまとめ，わかったことをまとめる。	内容の検討
遊びをくらべよう⑤	1	○取材内容と話し合いの内容をまとめて，報告する。	内容の検討　表現
		・報告を聞き合って，感想を伝え合う。	共有

| 3年 | 学図 | 教科書【下】：p.83〜83　配当時数：1時間　配当月：2月 |

言葉をつないで文を作ろう2

2年生で習った漢字②

主領域　B書くこと

到達目標

≫知識・技能
○第2学年までに配当されている漢字を，文や文章の中で使うことができる。

≫思考・判断・表現
○絵や目的に合った漢字を使って文を書いたり，間違いを正したりすることができる。

≫主体的に学習に取り組む態度　　※「主体的に学習に取り組む態度」は方向目標を示しています。
○83ページの学校生活や学習の様子を表す言葉を使って，絵に合った文を書こうとする。

評価規準

≫知識・技能
○2年生で学習した漢字を使って文や文章を作っている。
　　　　　　　　　　　　　　　　　　　　　　　　　　　● 対応する学習指導要領の項目：(1) エ

≫思考・判断・表現
○絵や目的に合った漢字を使って文を書いたり，間違いを正したりしている。
　　　　　　　　　　　　　　　　　　　　　　　　　　　● 対応する学習指導要領の項目：B (1) エ

≫主体的に学習に取り組む態度
○83ページの学校生活や学習の様子を表す言葉を使って，絵に合った文を書いている。

学習活動

小単元名	時数	学習活動	学習の過程
2年生で習った漢字②	1	○83ページにある学校生活や学習の様子を表す言葉を使って，絵の様子を表す文を作る。 ・間違いがないか確かめる。	推敲

| 3年 | 学図 | 教科書【下】：p.84〜91　配当時数：5時間　配当月：2月 |

6 分類して整理しながら読もう
冬眠する動物たち

主領域　C読むこと

関連する道徳の内容項目　D自然愛護

3
年

到達目標

》知識・技能
○段落の役割について理解することができる。
○分類の仕方を理解することができる。
○新しく習う漢字を正しく読んだり書いたりすることができる。

》思考・判断・表現
○段落相互の関係に着目しながら，動物たちの事例について叙述をもとに捉えることができる。
○説明文を読んで理解したことに基づいて，感想や考えをもつことができる。

》主体的に学習に取り組む態度　※「主体的に学習に取り組む態度」は方向目標を示しています。
○動物たちの冬眠について，図や表にまとめながら事例について捉えようとする。

評価規準

》知識・技能
○説明文の内容を図や表にまとめ，段落どうしの関係をつかんでいる。
○「冬眠する動物たち」に出てくる事例が，外温性動物と内温性動物に分類されていることに気づいている。
○新しく習う漢字を正しく読んだり書いたりしている。
　　　　　　　　　　　　　　　　　　　　　　　● 対応する学習指導要領の項目：(1) エ，カ　(2) イ

》思考・判断・表現
○文章全体の組み立てに着目しながら，事例①・②・③について，叙述をもとにその内容を捉えている。
○「冬眠する動物たち」を読んで，わかったことやもっと知りたいことなどの感想や考えをもっている。
　　　　　　　　　　　　　　　　　　　　　　　● 対応する学習指導要領の項目：C (1) ア，オ

》主体的に学習に取り組む態度
○動物たちの冬眠について，図や表にまとめながら事例について捉えている。
　　　　　　　　　　　　　　　　　　　　　　　　　　　　　　　　　●

学習活動

小単元名	時数	学習活動	学習の過程
冬眠する動物たち①	3	○まとまりごとに，段落の要点をまとめながら読む。 ・「話題提示・問い」「事例①外温性動物」「事例②③内温性動物」「まとめ」	精査・解釈

271

| 冬眠する動物たち② | 2 | ○詳しく読んだことをもとに，要点をまとめ，分類・整理する。
・説明されている動物ごとに，90ページ下段を参考に表にまとめて
　分類・整理し，筆者の分類の仕方を確かめる。 | 構造と内容の把握 |
| | | ○「冬眠する動物たち」を読んで，わかったことやもっと知りたい
ことなどについて話し合っている。 | 考えの形成　共有 |

| 3年 | 学図 | | 教科書【下】：p.92〜95　配当時数：4時間　配当月：2月 |

文章の書き方・まとめ方

つながりを考えて書こう

主領域　B書くこと

到達目標

≫知識・技能
○段落の役割について理解することができる。
○考えとそれを支える事例，全体と中心など情報と情報との関係について理解することができる。

≫思考・判断・表現
○書く内容の中心を明確にし，内容のまとまりで段落を作ったり段落相互の関係に注意したりして，文章の構成を考えることができる。

≫主体的に学習に取り組む態度　　※「主体的に学習に取り組む態度」は方向目標を示しています。
○説明文の書き方を，段落の役割に着目して理解し，構成が整った文章を書こうとする。

評価規準

≫知識・技能
○「はじめ」「中」「終わり」のそれぞれの段落の役割について理解している。
○「問い」に対する「答え」や，全体を捉えた筆者の考えと個々の事例との関係などを理解している。
　　　　　　　　　　　　　　　　　　　　　　　●対応する学習指導要領の項目：(1) カ　　(2) ア

≫思考・判断・表現
○自分の伝えたいことが明確になるように，「話題・問い」「答え (事例)」「まとめ・筆者の考え」の構成が整った文章を書いている。
○内容のまとまりごとに段落を作って文章を書いている。
　　　　　　　　　　　　　　　　　　　　　　　●対応する学習指導要領の項目：B (1) イ

≫主体的に学習に取り組む態度
○段落の役割を理解し，92・93 ページ上段の構成メモと下段の文章との関係を捉えている。
○書きたい内容について，「話題・問い」「答え (事例)」「まとめ・筆者の考え」の構成メモを作り，説明文を書こうとしている。

学習活動

小単元名	時数	学習活動	学習の過程
つながりを考えて書こう①	1	○92・93 ページの設問を解き，段落の役割を理解する。	構成の検討

つながりを考えて書こう②	3	○94・95ページの表の項目に合った文章を書く。	構成の検討　記述
		・「話題」「事例①②」をもとに，(2)「問い」の文を書く。	
		・「話題」「問い」「事例①②」をもとに，(5)「問いに対する答えのまとめ」の文を書く。	
		・「話題」「問い」「事例①②」「問いに対する答えのまとめ」をもとに，(6)「書いた人の考え」の文を書く。	
		・全体を読み返し，「題名」を書く。	
		○95ページの観点に沿って文章を読み合い，活動をふり返る。	推敲　共有

| 3年 | 学図 | 教科書【下】：p.96～97　配当時数：2時間　配当月：2月 |

言葉を受け止めよう

心をとどけよう，受け止めよう

| 主領域 | A話すこと・聞くこと |

| 関連する道徳の内容項目 | B親切，思いやり／友情，信頼 |

到達目標

≫知識・技能
○言葉には考えたことや思ったことを表す働きがあることに気づくことができる。
○相手を見て聞いたり話したりすることができる。
○新しく習う漢字を正しく読んだり書いたりすることができる。

≫思考・判断・表現
○互いの共通点や相違点に着目して，言葉遣いについて考えをまとめることができる。

≫主体的に学習に取り組む態度　※「主体的に学習に取り組む態度」は方向目標を示しています。
○言葉遣いについて理解し，気づいたことを話し合おうとする。

評価規準

≫知識・技能
○言葉には，互いの間に好ましい関係を築き継続させる働きがあることに気づいている。
○会話をするとき，相手を見て聞いたり話したりしている。
○新しく習う漢字を正しく読んだり書いたりしている。

●対応する学習指導要領の項目：(1) ア，イ，エ

≫思考・判断・表現
○「そうた」と「たいち」のやりとりについて気づいたことを出し合い，言葉遣いについて考えをまとめている。

●対応する学習指導要領の項目：A (1) オ

≫主体的に学習に取り組む態度
○教科書の文章について気づいたことをもとに，話し言葉の働きを理解して「たいち」の言葉を言い換えている。
○よりよい会話にするために必要なことについて積極的に考えようとしている。

学習活動

小単元名	時数	学習活動	学習の過程
心をとどけよう，受け止めよう	2	○教科書の例文を読み，気づいたことを話し合う。 ○自分が「たいち」になったつもりで，自分だったらこう話すということを伝え合う。 ○自分が気をつけたことを伝え合う。	考えの形成　共有

| 3年 | 学図 |

教科書【下】：p.98〜109　配当時数：6時間　配当月：2〜3月

7 おもしろさを見つけて読もう

わにのおじいさんのたから物

| 主領域 | C読むこと

| 関連する道徳の内容項目 | A正直，誠実　B親切，思いやり　D感動，畏敬の念

到達目標

≫知識・技能

○言葉には，思ったことや考えたことを表す働きがあることに気づくことができる。

○新しく習う漢字を正しく読んだり書いたりすることができる。

≫思考・判断・表現

○登場人物の行動や気持ちについて，叙述をもとに捉えることができる。

○登場人物の気持ちの変化や性格，情景について，場面の移り変わりと結び付けて具体的に想像することができる。

○物語を読んで感じたことや考えたことを共有し，一人一人の感じ方に違いがあることに気づくことができる。

≫主体的に学習に取り組む態度　※「主体的に学習に取り組む態度」は方向目標を示しています。

○物語のおもしろさに着目し，問いを作ろうとする。

○出された問いに対して，物語の中の言葉に注目して答えようとする。

評価規準

≫知識・技能

○「わにのおじいさんのたから物」を読んで，思ったことや考えたことを表す言葉を見つけている。

○新しく習う漢字を正しく読んだり書いたりしている。

● 対応する学習指導要領の項目：(1) ア，エ

≫思考・判断・表現

○「おにの子」や「わにのおじいさん」の行動や気持ちについて，叙述をもとに捉えている。

○「おにの子」の気持ちの変化や場面の情景について，場面の移り変わりと結び付けて具体的に想像している。

○「わにのおじいさんのたから物」のおもしろかったところを発表し合い，友達と自分の感じ方に違いがあることに気づいている。

● 対応する学習指導要領の項目：C (1) イ，エ，カ

≫主体的に学習に取り組む態度

○友達と出し合った「おもしろさ」から問いを作っている。

○出された問いについて，物語の中から答えとなる表現を見つけて答えている。

学習活動

小単元名	時数	学習活動	学習の過程
わにのおじいさんのたから物①	1	○全文を読んであらすじを捉え，初発の感想を話し合う。	構造と内容の把握
わにのおじいさんのたから物②	3	○まとまりごとの概略をつかむ。 ・「そうとう年をとっているわに」に出会ったおにの子の様子をつかむ。 ・会話をとおして，おにの子とわにのおじいさんの様子や気持ちをつかむ。 ・おにの子に，背中の宝の地図を教えるわにのおじいさんの様子や気持ちをつかむ。 ・地図の×印の場所に立ったおにの子の様子や気持ちをつかむ。	精査・解釈
わにのおじいさんのたから物③	1	○詳しく読んだことをもとにして，物語のおもしろさについて考えをまとめる。 ・「わにのおじいさんのたから物」の，おもしろかったところをまとめて，話し合う。	考えの形成
わにのおじいさんのたから物④	1	○物語のおもしろさをもとに，みんなで「問い」を作る。 ・「問い」をもとに物語を読み進める。 ・「わにのおじいさんのたから物」と「あらしの夜に」の，おもしろさを比較して説明する。	考えの形成　共有

| 3年 | 学図 |

教科書【下】：p.110〜111　配当時数：2時間　配当月：3月

言葉のいずみ 2

漢字のでき方

到達目標

≫知識・技能

○漢字のでき方について理解することができる。

≫主体的に学習に取り組む態度　※「主体的に学習に取り組む態度」は方向目標を示しています。

○漢字のでき方や組み立てに興味をもち，そのでき方について整理しようとする。

評価規準

≫知識・技能

○象形文字，指事文字，会意文字，形声文字などのでき方を理解している。

対応する学習指導要領の項目：(3) ウ

≫主体的に学習に取り組む態度

○教科書に載っている漢字以外にも，既習漢字や 3 年生で習う漢字について，漢字辞典などを使ってでき方を調べようとしている。

学習活動

小単元名	時数	学習活動	学習の過程
漢字のでき方	2	○これまでの学習をふり返り，漢字のでき方を理解する。 ・物の形からできた漢字…象形文字 ・形のないものを記号で表した漢字…指事文字 ・二つの漢字の意味を合わせた漢字…会意文字 ・意味と音を組み合わせた漢字…形声文字 ○111 ページの設問を学習する。	

| 3年 | 学図 | 教科書【下】：p.112〜113　配当時数：2時間　配当月：3月 |

ローマ字

到達目標

》知識・技能
○日常使われている簡単な単語について，ローマ字で表記されたものを読み，ローマ字で書くことができる。

》主体的に学習に取り組む態度　※「主体的に学習に取り組む態度」は方向目標を示しています。
○大文字と小文字，ヘボン式の書き方，コンピューター入力の仕方などについて理解しようとする。

評価規準

》知識・技能
○ローマ字の大文字と小文字，二通りの書き方など書き表し方の決まりがわかり，自分の名前や住所などをローマ字で書いている。

●対応する学習指導要領の項目：(1) ウ

》主体的に学習に取り組む態度
○大文字を使う場合，二通りの書き方がある場合，コンピューター入力する場合などのローマ字のきまりについて理解しようとしている。

学習活動

小単元名	時数	学習活動	学習の過程
ローマ字	2	○ローマ字の，大文字と小文字の使い方を理解する。 ○ローマ字の書き表し方が二通りある音があることを知る。 ○コンピューターのローマ字入力について理解する。	

| 3年 | 学図 | 教科書【 下 】：p.114〜114　配当時数：1時間　配当月：3月 |

言葉で遊ぼう

到達目標

≫知識・技能
○様々な文を読んだり作ったりして言語感覚を豊かにすることができる。

≫主体的に学習に取り組む態度　※「主体的に学習に取り組む態度」は方向目標を示しています。
○区切るところによって意味が変わる文を考えたり駄洒落を考えたりして，言葉遊びを楽しもうとする。

評価規準

≫知識・技能
○様々な文を読んだり作ったりして言語感覚を豊かにしている。

● 対応する学習指導要領の項目：(1) オ

≫主体的に学習に取り組む態度
○区切るところによって意味が変わる文を考えたり駄洒落を考えたりして，言葉遊びを楽しんでいる。

学習活動

小単元名	時数	学習活動	学習の過程
言葉で遊ぼう	1	○114 ページの上段の文を読み，どこで区切った文なのか考える。 ○友達と駄洒落を出し合い，駄洒落のおもしろさを伝え合う。	

3年	学図

教科書【下】：p.115〜115　配当時数：1時間　配当月：3月

言葉をつないで文を作ろう3

2年生で習った漢字③

主領域　B書くこと

到達目標

≫知識・技能
○第2学年までに配当されている漢字を，文や文章の中で使うことができる。

≫思考・判断・表現
○絵や目的に合った漢字を使って文を書いたり，間違いを正したりすることができる。

≫主体的に学習に取り組む態度　※「主体的に学習に取り組む態度」は方向目標を示しています。
○115ページの町の様子を表す言葉と指示語を使って，絵に合った文を書こうとする。

評価規準

≫知識・技能
○2年生で学習した漢字を使って文や文章を作っている。

● 対応する学習指導要領の項目：(1) エ

≫思考・判断・表現
○絵や目的に合った漢字を使って文を書いたり，間違いを正したりしている。

● 対応する学習指導要領の項目：B (1) エ

≫主体的に学習に取り組む態度
○115ページの町の様子を表す言葉と指示語を使って，絵に合った文を書いている。

学習活動

小単元名	時数	学習活動	学習の過程
2年生で習った漢字③	1	○115ページにある町の様子を表す言葉を使って，絵の様子を表す文を作る。 ・文に合うような指示語も入れてみる。 ・間違いがないか確かめる。	推敲

| 3年 | 学図 | | 教科書【下】：p.116〜117　配当時数：1時間　配当月：3月 |

これからのあなたへ

なにかをひとつ

| 主領域 | C読むこと |

| 関連する道徳の内容項目 | A希望と勇気，努力と強い意志 |

到達目標

≫知識・技能
○言葉には，思ったことや考えたことを表す働きがあることに気づくことができる。

≫思考・判断・表現
○詩を読んで自分なりの感想をもつことができる。

≫主体的に学習に取り組む態度　※「主体的に学習に取り組む態度」は方向目標を示しています。
○詩に描かれている作者の思いが表れるように音読しようとする。

評価規準

≫知識・技能
○詩を読んで，思ったことや考えたことを表す言葉を見つけている。

──● 対応する学習指導要領の項目：(1) ア

≫思考・判断・表現
○「なにかをひとつ」を読んで，感じたことや考えをまとめている。

──● 対応する学習指導要領の項目：C (1) オ

≫主体的に学習に取り組む態度
○「なにかをひとつ」に描かれている作者の思いを想像し，その思いが表れるように音読している。

学習活動

小単元名	時数	学習活動	学習の過程
なにかをひとつ	1	○詩に描かれた作者の思いが表れるように音読する。	考えの形成
		・詩に描かれている作者の思いを捉える。	精査・解釈
		・作者の思いが表れるように工夫して音読する。	考えの形成　共有

| 3年 | 学図 | 教科書【 下 】：p.118〜120　配当時数：2時間　配当月：3月 |

三年生の国語学習でついた力をたしかめよう

三年生をふり返って

| 主領域 | B書くこと |

| 関連する道徳の内容項目 | A希望と勇気，努力と強い意志 |

到達目標

≫知識・技能

○敬体と常体の違いに注意しながら書くことができる。

≫思考・判断・表現

○相手や目的を意識して，経験したことや想像したことなどから書くことを選び，集めた材料を比較したり分類したりして，伝えたいことを明確にすることができる。

≫主体的に学習に取り組む態度　※「主体的に学習に取り組む態度」は方向目標を示しています。

○1年間の学びをふり返り，今後の学習に生かそうとする。

評価規準

≫知識・技能

○1年間の学習でためになったことや，これからも続けたいことを，敬体と常体の違いに注意しながら書いている。
　　　　　　　　　　　　　　　　　　　　　　　　　　　　　●対応する学習指導要領の項目：(1) キ

≫思考・判断・表現

○自分がいちばんがんばった学習，学んだこと，これからもがんばっていきたいことなどの中から書くことを選び，伝えたいことを明確にして書いている。
　　　　　　　　　　　　　　　　　　　　　　　　　　　　　●対応する学習指導要領の項目：B (1) ア

≫主体的に学習に取り組む態度

○1年間の学びをふり返り，今後の学習に生かそうとしている。
　　　　　　　　　　　　　　　　　　　　　　　　　　　　　●

学習活動

小単元名	時数	学習活動	学習の過程
三年生をふり返って①	1	○118・119ページをもとに3年生の国語の学びをふり返り，印象に残っている学習を伝え合う。	情報の収集　共有
三年生をふり返って②	1	○国語の学習でためになったことやこれからも続けたいことを書く。	記述　共有

MEMO

MEMO

MEMO

MEMO

MEMO

MEMO

MEMO

MEMO

学習指導要領

第1節　国　語

第1　目　標

言葉による見方・考え方を働かせ，言語活動を通して，国語で正確に理解し適切に表現する資質・能力を次のとおり育成することを目指す。

(1) 日常生活に必要な国語について，その特質を理解し適切に使うことができるようにする。

(2) 日常生活における人との関わりの中で伝え合う力を高め，思考力や想像力を養う。

(3) 言葉がもつよさを認識するとともに，言語感覚を養い，国語の大切さを自覚し，国語を尊重してその能力の向上を図る態度を養う。

第2　各学年の目標及び内容

〔第1学年及び第2学年〕

1　目　標

(1) 日常生活に必要な国語の知識や技能を身に付けるとともに，我が国の言語文化に親しんだり理解したりすることができるようにする。

(2) 順序立てて考える力や感じたり想像したりする力を養い，日常生活における人との関わりの中で伝え合う力を高め，自分の思いや考えをもつことができるようにする。

(3) 言葉がもつよさを感じるとともに，楽しんで読書をし，国語を大切にして，思いや考えを伝え合おうとする態度を養う。

2　内　容

〔知識及び技能〕

(1) 言葉の特徴や使い方に関する次の事項を身に付けることができるよう指導する。

ア　言葉には，事物の内容を表す働きや，経験したことを伝える働きがあることに気付くこと。

イ　音節と文字との関係，アクセントによる語の意味の違いなどに気付くとともに，姿勢や口形，発声や発音に注意して話すこと。

ウ　長音，拗音，促音，撥音などの表記，助詞の「は」，「へ」及び「を」の使い方，句読点の打ち方，かぎ（「　」）の使い方を理解して文や文章の中で使うこと。また，平仮名及び片仮名を読み，書くとともに，片仮名で書く語の種類を知り，文や文章の中で使うこと。

エ　第1学年においては，別表の学年別漢字配当表（以下「学年別漢字配当表」という。）の第1学年に配当されている漢字を読み，漸次書き，文や文章の中で使うこと。第2学年においては，学年別漢字配当表の第2学年までに配当されている漢字を読むこと。また，第1学年に配当されている漢字

を書き，文や文章の中で使うとともに，第2学年に配当されている漢字を漸次書き，文や文章の中で使うこと。

オ　身近なことを表す語句の量を増し，話や文章の中で使うとともに，言葉には意味による語句のまとまりがあることに気付き，語彙を豊かにすること。

カ　文の中における主語と述語との関係に気付くこと。

キ　丁寧な言葉と普通の言葉との違いに気を付けて使うとともに，敬体で書かれた文章に慣れること。

ク　語のまとまりや言葉の響きなどに気を付けて音読すること。

(2)　話や文章に含まれている情報の扱い方に関する次の事項を身に付けることができるよう指導する。

ア　共通，相違，事柄の順序など情報と情報との関係について理解すること。

(3)　我が国の言語文化に関する次の事項を身に付けることができるよう指導する。

ア　昔話や神話・伝承などの読み聞かせを聞くなどして，我が国の伝統的な言語文化に親しむこと。

イ　長く親しまれている言葉遊びを通して，言葉の豊かさに気付くこと。

ウ　書写に関する次の事項を理解し使うこと。

(ア)　姿勢や筆記具の持ち方を正しくして書くこと。

(イ)　点画の書き方や文字の形に注意しながら，筆順に従って丁寧に書くこと。

(ウ)　点画相互の接し方や交わり方，長短や方向などに注意して，文字を正しく書くこと。

エ　読書に親しみ，いろいろな本があることを知ること。

〔思考力，判断力，表現力等〕

A　話すこと・聞くこと

(1)　話すこと・聞くことに関する次の事項を身に付けることができるよう指導する。

ア　身近なことや経験したことなどから話題を決め，伝え合うために必要な事柄を選ぶこと。

イ　相手に伝わるように，行動したことや経験したことに基づいて，話す事柄の順序を考えること。

ウ　伝えたい事柄や相手に応じて，声の大きさや速さなどを工夫すること。

エ　話し手が知らせたいことや自分が聞きたいことを落とさないように集中して聞き，話の内容を捉えて感想をもつこと。

オ　互いの話に関心をもち，相手の発言を受けて話をつなぐこと。

(2)　(1)に示す事項については，例えば，次のような言語活動を通して指導するものとする。

ア　紹介や説明，報告など伝えたいことを話したり，それらを聞いて声に出して確かめたり感想を述べたりする活動。

イ　尋ねたり応答したりするなどして，少人数で話し合う活動。

B　書くこと

(1)　書くことに関する次の事項を身に付けることができるよう指導する。

　ア　経験したことや想像したことなどから書くことを見付け，必要な事柄を集めたり確かめたりして，伝えたいことを明確にすること。

　イ　自分の思いや考えが明確になるように，事柄の順序に沿って簡単な構成を考えること。

　ウ　語と語や文と文との続き方に注意しながら，内容のまとまりが分かるように書き表し方を工夫すること。

　エ　文章を読み返す習慣を付けるとともに，間違いを正したり，語と語や文と文との続き方を確かめたりすること。

　オ　文章に対する感想を伝え合い，自分の文章の内容や表現のよいところを見付けること。

(2)　(1)に示す事項については，例えば，次のような言語活動を通して指導するものとする。

　ア　身近なことや経験したことを報告したり，観察したことを記録したりするなど，見聞きしたことを書く活動。

　イ　日記や手紙を書くなど，思ったことや伝えたいことを書く活動。

　ウ　簡単な物語をつくるなど，感じたことや想像したことを書く活動。

C　読むこと

(1)　読むことに関する次の事項を身に付けることができるよう指導する。

　ア　時間的な順序や事柄の順序などを考えながら，内容の大体を捉えること。

　イ　場面の様子や登場人物の行動など，内容の大体を捉えること。

　ウ　文章の中の重要な語や文を考えて選び出すこと。

　エ　場面の様子に着目して，登場人物の行動を具体的に想像すること。

　オ　文章の内容と自分の体験とを結び付けて，感想をもつこと。

　カ　文章を読んで感じたことや分かったことを共有すること。

(2)　(1)に示す事項については，例えば，次のような言語活動を通して指導するものとする。

　ア　事物の仕組みを説明した文章などを読み，分かったことや考えたことを述べる活動。

　イ　読み聞かせを聞いたり物語などを読んだりして，内容や感想などを伝え合ったり，演じたりする活動。

　ウ　学校図書館などを利用し，図鑑や科学的なことについて書いた本などを読み，分かったことなどを説明する活動。

〔第3学年及び第4学年〕

1　目　標

(1)　日常生活に必要な国語の知識や技能を身に付けるとともに，我が国の言語文化に親しんだり理解したりすることができるようにする。

(2)　筋道立てて考える力や豊かに感じたり想像したりする力を養い，日常生活における人との関わりの中で伝え合う力を高め，自分の思いや考えをまとめることができるようにする。

(3)　言葉がもつよさに気付くとともに，幅広く読書をし，国語を大切にして，思いや考えを伝え合おうとする態度を養う。

2　内　容

〔知識及び技能〕

(1)　言葉の特徴や使い方に関する次の事項を身に付けることができるよう指導する。

　ア　言葉には，考えたことや思ったことを表す働きがあることに気付くこと。

　イ　相手を見て話したり聞いたりするとともに，言葉の抑揚や強弱，間の取り方などに注意して話すこと。

　ウ　漢字と仮名を用いた表記，送り仮名の付け方，改行の仕方を理解して文や文章の中で使うとともに，句読点を適切に打つこと。また，第3学年においては，日常使われている簡単な単語について，ローマ字で表記されたものを読み，ローマ字で書くこと。

　エ　第3学年及び第4学年の各学年においては，学年別漢字配当表の当該学年までに配当されている漢字を読むこと。また，当該学年の前の学年までに配当されている漢字を書き，文や文章の中で使うとともに，当該学年に配当されている漢字を漸次書き，文や文章の中で使うこと。

　オ　様子や行動，気持ちや性格を表す語句の量を増し，話や文章の中で使うとともに，言葉には性質や役割による語句のまとまりがあることを理解し，語彙を豊かにすること。

　カ　主語と述語との関係，修飾と被修飾との関係，指示する語句と接続する語句の役割，段落の役割について理解すること。

　キ　丁寧な言葉を使うとともに，敬体と常体との違いに注意しながら書くこと。

　ク　文章全体の構成や内容の大体を意識しながら音読すること。

(2)　話や文章に含まれている情報の扱い方に関する次の事項を身に付けることができるよう指導する。

　ア　考えとそれを支える理由や事例，全体と中心など情報と情報との関係について理解すること。

　イ　比較や分類の仕方，必要な語句などの書き留め方，引用の仕方や出典の示し方，辞書や事典の使い方を理解し使うこと。

(3)　我が国の言語文化に関する次の事項を身に付けることができるよう指導する。

　ア　易しい文語調の短歌や俳句を音読したり暗唱したりするなどして，言葉の響きやリズムに親しむ

こと。

　　イ　長い間使われてきたことわざや慣用句，故事成語などの意味を知り，使うこと。

　　ウ　漢字が，へんやつくりなどから構成されていることについて理解すること。

　　エ　書写に関する次の事項を理解し使うこと。

　　　(ア)　文字の組立て方を理解し，形を整えて書くこと。

　　　(イ)　漢字や仮名の大きさ，配列に注意して書くこと。

　　　(ウ)　毛筆を使用して点画の書き方への理解を深め，筆圧などに注意して書くこと。

　　オ　幅広く読書に親しみ，読書が，必要な知識や情報を得ることに役立つことに気付くこと。

〔思考力，判断力，表現力等〕

A　話すこと・聞くこと

　(1)　話すこと・聞くことに関する次の事項を身に付けることができるよう指導する。

　　ア　目的を意識して，日常生活の中から話題を決め，集めた材料を比較したり分類したりして，伝え合うために必要な事柄を選ぶこと。

　　イ　相手に伝わるように，理由や事例などを挙げながら，話の中心が明確になるよう話の構成を考えること。

　　ウ　話の中心や話す場面を意識して，言葉の抑揚や強弱，間の取り方などを工夫すること。

　　エ　必要なことを記録したり質問したりしながら聞き，話し手が伝えたいことや自分が聞きたいことの中心を捉え，自分の考えをもつこと。

　　オ　目的や進め方を確認し，司会などの役割を果たしながら話し合い，互いの意見の共通点や相違点に着目して，考えをまとめること。

　(2)　(1)に示す事項については，例えば，次のような言語活動を通して指導するものとする。

　　ア　説明や報告など調べたことを話したり，それらを聞いたりする活動。

　　イ　質問するなどして情報を集めたり，それらを発表したりする活動。

　　ウ　互いの考えを伝えるなどして，グループや学級全体で話し合う活動。

B　書くこと

　(1)　書くことに関する次の事項を身に付けることができるよう指導する。

　　ア　相手や目的を意識して，経験したことや想像したことなどから書くことを選び，集めた材料を比較したり分類したりして，伝えたいことを明確にすること。

　　イ　書く内容の中心を明確にし，内容のまとまりで段落をつくったり，段落相互の関係に注意したりして，文章の構成を考えること。

　　ウ　自分の考えとそれを支える理由や事例との関係を明確にして，書き表し方を工夫すること。

エ　間違いを正したり，相手や目的を意識した表現になっているかを確かめたりして，文や文章を整えること。

オ　書こうとしたことが明確になっているかなど，文章に対する感想や意見を伝え合い，自分の文章のよいところを見付けること。

(2) (1)に示す事項については，例えば，次のような言語活動を通して指導するものとする。

ア　調べたことをまとめて報告するなど，事実やそれを基に考えたことを書く活動。

イ　行事の案内やお礼の文章を書くなど，伝えたいことを手紙に書く活動。

ウ　詩や物語をつくるなど，感じたことや想像したことを書く活動。

C　読むこと

(1) 読むことに関する次の事項を身に付けることができるよう指導する。

ア　段落相互の関係に着目しながら，考えとそれを支える理由や事例との関係などについて，叙述を基に捉えること。

イ　登場人物の行動や気持ちなどについて，叙述を基に捉えること。

ウ　目的を意識して，中心となる語や文を見付けて要約すること。

エ　登場人物の気持ちの変化や性格，情景について，場面の移り変わりと結び付けて具体的に想像すること。

オ　文章を読んで理解したことに基づいて，感想や考えをもつこと。

カ　文章を読んで感じたことや考えたことを共有し，一人一人の感じ方などに違いがあることに気付くこと。

(2) (1)に示す事項については，例えば，次のような言語活動を通して指導するものとする。

ア　記録や報告などの文章を読み，文章の一部を引用して，分かったことや考えたことを説明したり，意見を述べたりする活動。

イ　詩や物語などを読み，内容を説明したり，考えたことなどを伝え合ったりする活動。

ウ　学校図書館などを利用し，事典や図鑑などから情報を得て，分かったことなどをまとめて説明する活動。

〔第5学年及び第6学年〕

1　目　標

(1) 日常生活に必要な国語の知識や技能を身に付けるとともに，我が国の言語文化に親しんだり理解したりすることができるようにする。

(2) 筋道立てて考える力や豊かに感じたり想像したりする力を養い，日常生活における人との関わりの

中で伝え合う力を高め，自分の思いや考えを広げることができるようにする。

(3) 言葉がもつよさを認識するとともに，進んで読書をし，国語の大切さを自覚して，思いや考えを伝え合おうとする態度を養う。

2 内 容

〔知識及び技能〕

(1) 言葉の特徴や使い方に関する次の事項を身に付けることができるよう指導する。

ア 言葉には，相手とのつながりをつくる働きがあることに気付くこと。

イ 話し言葉と書き言葉との違いに気付くこと。

ウ 文や文章の中で漢字と仮名を適切に使い分けるとともに，送り仮名や仮名遣いに注意して正しく書くこと。

エ 第5学年及び第6学年の各学年においては，学年別漢字配当表の当該学年までに配当されている漢字を読むこと。また，当該学年の前の学年までに配当されている漢字を書き，文や文章の中で使うとともに，当該学年に配当されている漢字を漸次書き，文や文章の中で使うこと。

オ 思考に関わる語句の量を増し，話や文章の中で使うとともに，語句と語句との関係，語句の構成や変化について理解し，語彙を豊かにすること。また，語感や言葉の使い方に対する感覚を意識して，語や語句を使うこと。

カ 文の中での語句の係り方や語順，文と文との接続の関係，話や文章の構成や展開，話や文章の種類とその特徴について理解すること。

キ 日常よく使われる敬語を理解し使い慣れること。

ク 比喩や反復などの表現の工夫に気付くこと。

ケ 文章を音読したり朗読したりすること。

(2) 話や文章に含まれている情報の扱い方に関する次の事項を身に付けることができるよう指導する。

ア 原因と結果など情報と情報との関係について理解すること。

イ 情報と情報との関係付けの仕方，図などによる語句と語句との関係の表し方を理解し使うこと。

(3) 我が国の言語文化に関する次の事項を身に付けることができるよう指導する。

ア 親しみやすい古文や漢文，近代以降の文語調の文章を音読するなどして，言葉の響きやリズムに親しむこと。

イ 古典について解説した文章を読んだり作品の内容の大体を知ったりすることを通して，昔の人のものの見方や感じ方を知ること。

ウ 語句の由来などに関心をもつとともに，時間の経過による言葉の変化や世代による言葉の違いに気付き，共通語と方言との違いを理解すること。また，仮名及び漢字の由来，特質などについて理

解すること。

エ　書写に関する次の事項を理解し使うこと。

　　(ア)　用紙全体との関係に注意して，文字の大きさや配列などを決めるとともに，書く速さを意識して書くこと。

　　(イ)　毛筆を使用して，穂先の動きと点画のつながりを意識して書くこと。

　　(ウ)　目的に応じて使用する筆記具を選び，その特徴を生かして書くこと。

オ　日常的に読書に親しみ，読書が，自分の考えを広げることに役立つことに気付くこと。

〔思考力，判断力，表現力等〕

A　話すこと・聞くこと

(1)　話すこと・聞くことに関する次の事項を身に付けることができるよう指導する。

　ア　目的や意図に応じて，日常生活の中から話題を決め，集めた材料を分類したり関係付けたりして，伝え合う内容を検討すること。

　イ　話の内容が明確になるように，事実と感想，意見とを区別するなど，話の構成を考えること。

　ウ　資料を活用するなどして，自分の考えが伝わるように表現を工夫すること。

　エ　話し手の目的や自分が聞こうとする意図に応じて，話の内容を捉え，話し手の考えと比較しながら，自分の考えをまとめること。

　オ　互いの立場や意図を明確にしながら計画的に話し合い，考えを広げたりまとめたりすること。

(2)　(1)に示す事項については，例えば，次のような言語活動を通して指導するものとする。

　ア　意見や提案など自分の考えを話したり，それらを聞いたりする活動。

　イ　インタビューなどをして必要な情報を集めたり，それらを発表したりする活動。

　ウ　それぞれの立場から考えを伝えるなどして話し合う活動。

B　書くこと

(1)　書くことに関する次の事項を身に付けることができるよう指導する。

　ア　目的や意図に応じて，感じたことや考えたことなどから書くことを選び，集めた材料を分類したり関係付けたりして，伝えたいことを明確にすること。

　イ　筋道の通った文章となるように，文章全体の構成や展開を考えること。

　ウ　目的や意図に応じて簡単に書いたり詳しく書いたりするとともに，事実と感想，意見とを区別して書いたりするなど，自分の考えが伝わるように書き表し方を工夫すること。

　エ　引用したり，図表やグラフなどを用いたりして，自分の考えが伝わるように書き表し方を工夫すること。

　オ　文章全体の構成や書き表し方などに着目して，文や文章を整えること。

カ　文章全体の構成や展開が明確になっているかなど，文章に対する感想や意見を伝え合い，自分の文章のよいところを見付けること。

(2) (1)に示す事項については，例えば，次のような言語活動を通して指導するものとする。

ア　事象を説明したり意見を述べたりするなど，考えたことや伝えたいことを書く活動。

イ　短歌や俳句をつくるなど，感じたことや想像したことを書く活動。

ウ　事実や経験を基に，感じたり考えたりしたことや自分にとっての意味について文章に書く活動。

C　読むこと

(1) 読むことに関する次の事項を身に付けることができるよう指導する。

ア　事実と感想，意見などとの関係を叙述を基に押さえ，文章全体の構成を捉えて要旨を把握すること。

イ　登場人物の相互関係や心情などについて，描写を基に捉えること。

ウ　目的に応じて，文章と図表などを結び付けるなどして必要な情報を見付けたり，論の進め方について考えたりすること。

エ　人物像や物語などの全体像を具体的に想像したり，表現の効果を考えたりすること。

オ　文章を読んで理解したことに基づいて，自分の考えをまとめること。

カ　文章を読んでまとめた意見や感想を共有し，自分の考えを広げること。

(2) (1)に示す事項については，例えば，次のような言語活動を通して指導するものとする。

ア　説明や解説などの文章を比較するなどして読み，分かったことや考えたことを，話し合ったり文章にまとめたりする活動。

イ　詩や物語，伝記などを読み，内容を説明したり，自分の生き方などについて考えたことを伝え合ったりする活動。

ウ　学校図書館などを利用し，複数の本や新聞などを活用して，調べたり考えたりしたことを報告する活動。

第3　指導計画の作成と内容の取扱い

1　指導計画の作成に当たっては，次の事項に配慮するものとする。

(1) 単元など内容や時間のまとまりを見通して，その中で育む資質・能力の育成に向けて，児童の主体的・対話的で深い学びの実現を図るようにすること。その際，言葉による見方・考え方を働かせ，言語活動を通して，言葉の特徴や使い方などを理解し自分の思いや考えを深める学習の充実を図ること。

(2) 第2の各学年の内容の指導については，必要に応じて当該学年より前の学年において初歩的な形で

取り上げたり，その後の学年で程度を高めて取り上げたりするなどして，弾力的に指導すること。

(3)　第2の各学年の内容の〔知識及び技能〕に示す事項については，〔思考力，判断力，表現力等〕に示す事項の指導を通して指導することを基本とし，必要に応じて，特定の事項だけを取り上げて指導したり，それらをまとめて指導したりするなど，指導の効果を高めるよう工夫すること。なお，その際，第1章総則の第2の3の(2)のウの(イ)に掲げる指導を行う場合には，当該指導のねらいを明確にするとともに，単元など内容や時間のまとまりを見通して資質・能力が偏りなく育成されるよう計画的に指導すること。

(4)　第2の各学年の内容の〔思考力，判断力，表現力等〕の「A話すこと・聞くこと」に関する指導については，意図的，計画的に指導する機会が得られるように，第1学年及び第2学年では年間35単位時間程度，第3学年及び第4学年では年間30単位時間程度，第5学年及び第6学年では年間25単位時間程度を配当すること。その際，音声言語のための教材を活用するなどして指導の効果を高めるよう工夫すること。

(5)　第2の各学年の内容の〔思考力，判断力，表現力等〕の「B書くこと」に関する指導については，第1学年及び第2学年では年間100単位時間程度，第3学年及び第4学年では年間85単位時間程度，第5学年及び第6学年では年間55単位時間程度を配当すること。その際，実際に文章を書く活動をなるべく多くすること。

(6)　第2の第1学年及び第2学年の内容の〔知識及び技能〕の(3)のエ，第3学年及び第4学年，第5学年及び第6学年の内容の〔知識及び技能〕の(3)のオ及び各学年の内容の〔思考力，判断力，表現力等〕の「C読むこと」に関する指導については，読書意欲を高め，日常生活において読書活動を活発に行うようにするとともに，他教科等の学習における読書の指導や学校図書館における指導との関連を考えて行うこと。

(7)　低学年においては，第1章総則の第2の4の(1)を踏まえ，他教科等との関連を積極的に図り，指導の効果を高めるようにするとともに，幼稚園教育要領等に示す幼児期の終わりまでに育ってほしい姿との関連を考慮すること。特に，小学校入学当初においては，生活科を中心とした合科的・関連的な指導や，弾力的な時間割の設定を行うなどの工夫をすること。

(8)　言語能力の向上を図る観点から，外国語活動及び外国語科など他教科等との関連を積極的に図り，指導の効果を高めるようにすること。

(9)　障害のある児童などについては，学習活動を行う場合に生じる困難さに応じた指導内容や指導方法の工夫を計画的，組織的に行うこと。

(10)　第1章総則の第1の2の(2)に示す道徳教育の目標に基づき，道徳科などとの関連を考慮しながら，第3章特別の教科道徳の第2に示す内容について，国語科の特質に応じて適切な指導をすること。

2　第2の内容の取扱いについては，次の事項に配慮するものとする。

(1)　〔知識及び技能〕に示す事項については，次のとおり取り扱うこと。

ア　日常の言語活動を振り返ることなどを通して，児童が，実際に話したり聞いたり書いたり読んだりする場面を意識できるよう指導を工夫すること。

イ　表現したり理解したりするために必要な文字や語句については，辞書や事典を利用して調べる活動を取り入れるなど，調べる習慣が身に付くようにすること。

ウ　第3学年におけるローマ字の指導に当たっては，第5章総合的な学習の時間の第3の2の(3)に示す，コンピュータで文字を入力するなどの学習の基盤として必要となる情報手段の基本的な操作を習得し，児童が情報や情報手段を主体的に選択し活用できるよう配慮することとの関連が図られるようにすること。

エ　漢字の指導については，第2の内容に定めるほか，次のとおり取り扱うこと。

(ア)　学年ごとに配当されている漢字は，児童の学習負担に配慮しつつ，必要に応じて，当該学年以前の学年又は当該学年以降の学年において指導することもできること。

(イ)　当該学年より後の学年に配当されている漢字及びそれ以外の漢字については，振り仮名を付けるなど，児童の学習負担に配慮しつつ提示することができること。

(ウ)　他教科等の学習において必要となる漢字については，当該教科等と関連付けて指導するなど，その確実な定着が図られるよう指導を工夫すること。

(エ)　漢字の指導においては，学年別漢字配当表に示す漢字の字体を標準とすること。

オ　各学年の(3)のア及びイに関する指導については，各学年で行い，古典に親しめるよう配慮すること。

カ　書写の指導については，第2の内容に定めるほか，次のとおり取り扱うこと。

(ア)　文字を正しく整えて書くことができるようにするとともに，書写の能力を学習や生活に役立てる態度を育てるよう配慮すること。

(イ)　硬筆を使用する書写の指導は各学年で行うこと。

(ウ)　毛筆を使用する書写の指導は第3学年以上の各学年で行い，各学年年間30単位時間程度を配当するとともに，毛筆を使用する書写の指導は硬筆による書写の能力の基礎を養うよう指導すること。

(エ)　第1学年及び第2学年の(3)のウの(イ)の指導については，適切に運筆する能力の向上につながるよう，指導を工夫すること。

(2)　第2の内容の指導に当たっては，児童がコンピュータや情報通信ネットワークを積極的に活用する機会を設けるなどして，指導の効果を高めるよう工夫すること。

(3)　第2の内容の指導に当たっては，学校図書館などを目的をもって計画的に利用しその機能の活用を図るようにすること。その際，本などの種類や配置，探し方について指導するなど，児童が必要な本などを選ぶことができるよう配慮すること。なお，児童が読む図書については，人間形成のため偏りがないよう配慮して選定すること。

3　教材については，次の事項に留意するものとする。

(1)　教材は，第2の各学年の目標及び内容に示す資質・能力を偏りなく養うことや読書に親しむ態度の育成を通して読書習慣を形成することをねらいとし，児童の発達の段階に即して適切な話題や題材を精選して調和的に取り上げること。また，第2の各学年の内容の〔思考力，判断力，表現力等〕の「A話すこと・聞くこと」，「B書くこと」及び「C読むこと」のそれぞれの(2)に掲げる言語活動が十分行われるよう教材を選定すること。

(2)　教材は，次のような観点に配慮して取り上げること。

　ア　国語に対する関心を高め，国語を尊重する態度を育てるのに役立つこと。

　イ　伝え合う力，思考力や想像力及び言語感覚を養うのに役立つこと。

　ウ　公正かつ適切に判断する能力や態度を育てるのに役立つこと。

　エ　科学的，論理的に物事を捉え考察し，視野を広げるのに役立つこと。

　オ　生活を明るくし，強く正しく生きる意志を育てるのに役立つこと。

　カ　生命を尊重し，他人を思いやる心を育てるのに役立つこと。

　キ　自然を愛し，美しいものに感動する心を育てるのに役立つこと。

　ク　我が国の伝統と文化に対する理解と愛情を育てるのに役立つこと。

　ケ　日本人としての自覚をもって国を愛し，国家，社会の発展を願う態度を育てるのに役立つこと。

　コ　世界の風土や文化などを理解し，国際協調の精神を養うのに役立つこと。

(3)　第2の各学年の内容の〔思考力，判断力，表現力等〕の「C読むこと」の教材については，各学年で説明的な文章や文学的な文章などの文章形態を調和的に取り扱うこと。また，説明的な文章については，適宜，図表や写真などを含むものを取り上げること。

「別表　学年別漢字配当表」は省略

小学校　教科書単元別

到達目標と評価規準 〈国語〉学 1-3年

2020年度新教科書対応

2019年10月30日　初版第1版発行

企画・編集　　日本標準教育研究所
発　行　所　　株式会社　日本標準
発　行　者　　伊藤　潔
　　　　　　　〒167-0052　東京都杉並区南荻窪3-31-18
　　　　　　　TEL 03-3334-2630　FAX 03-3334-2635
　　　　　　　URL https://www.nipponhyojun.co.jp/
デザイン・編集協力　株式会社リーブルテック
印刷・製本　株式会社リーブルテック

ISBN　978-4-8208-0665-3　C3037　Printed in Japan
乱丁・落丁の場合はお取り替えいたします。